汽车类专

U0597807

奥迪车系

45.57.
RF5.10

整车检测实训工单

微课版

叶永辉◎主编

孙敦侃 王修兴 王明洋◎副主编

李东江 孙健◎主审

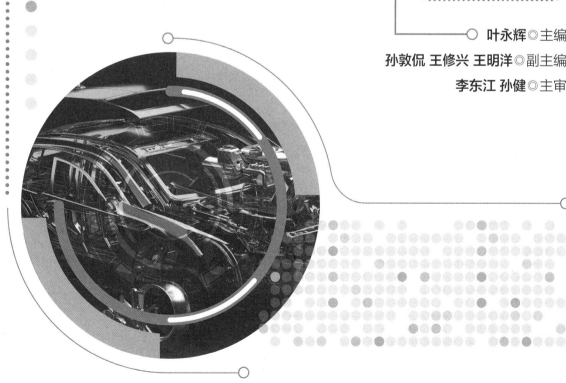

人民邮电出版社

北 京

图书在版编目（CIP）数据

奥迪车系整车检测实训工单：微课版 / 叶永辉主编.

北京 ： 人民邮电出版社，2024. 8. -- （汽车类专业人

才培养系列教材）. -- ISBN 978-7-115-64699-6

Ⅰ. U472.42

中国国家版本馆 CIP 数据核字第 2024EC3883 号

内 容 提 要

本书是奥迪车系整车检测的实训工单。本书包含奥迪汽车认知，故障诊断及专业工具使用，发动机系统、底盘系统和电气系统的维护与保养等内容。该教学内容在相关院校的实训教学过程中经过了多次验证、修改和完善，取得了较好的教学效果。本书中的实训操作配套了视频等立体化资源，读者可通过手机扫描书中二维码观看。

本书既可以作为职业院校汽车类专业同类课程的实训教材，也可以作为企业职工培训（或自学者学习）同类技术的辅助教学参考书。

◆ 主　　编　叶永辉
　　副主编　孙敦侃　王修兴　王明洋
　　责任编辑　王丽美
　　责任印制　焦志炜

◆ 人民邮电出版社出版发行　　　北京市丰台区成寿寺路 11 号
　　邮编　100164　电子邮件　315@ptpress.com.cn
　　网址　https://www.ptpress.com.cn
　　天津千鹤文化传播有限公司印刷

◆ 开本：787×1092　1/16
　　印张：11　　　　　　　　　2024 年 8 月第 1 版
　　字数：251 千字　　　　　　2024 年 8 月天津第 1 次印刷

定价：46.00 元

读者服务热线：(010)81055256　印装质量热线：(010)81055316
反盗版热线：(010)81055315
广告经营许可证：京东市监广登字 20170147 号

专家委员会

前言

汽车的未来在于电动化、智能化、网联化、共享化。未来汽车后市场时代，客户需要的不再是简单的维修和保养，更多的是服务。优质的服务需要完善的知识储备，更需要专业的操作技能。然而，同样的服务、同样的技能，差异在哪里？差异在于规范。规范存在于工作的每一个细节中，在每一个服务过程中。

万通汽车教育研究院编写的汽车检测与维修技术专业的系列实训工单第二期"高端汽车机电课程系列实训工单"共3本，涵盖了"宝马车系整车检测""奥迪车系整车检测""奔驰车系整车检测"3门汽车维修方向的核心课程，同时还提供了建立在以正常行驶里程为主线的汽车快修快保服务所涉及的教学内容配套的全部实训工单，体现了各专业课程实训环节操作的标准化、流程化和规范性。

全书共17个项目，按照理论知识问答、实训操作、专业考核评分表3部分设计了上述课程的实训环节。本书内容在相关院校的实训教学过程中经过了多次验证、修改和完善。

实训就是在相应设备上验证所学的理论知识，在这个验证过程中的每一个环节都需要按照工单所规定的要求、步骤、规范、标准进行操作。本书除专业内容之外，还包括安全防护、工具准备、环境卫生等6S管理方面的内容，使读者在掌握基本技能的同时，学会全流程的规范服务与操作。

本书由万通汽车教育研究院的叶永辉任主编，万通汽车教育研究院的孙敦侃、王修兴、王明洋任副主编，《汽车维护与修理》杂志主编李东江和南京帕博汽车技术有限公司孙健任主审。世达工具（上海）有限公司提供了本系列实训工单的操作步骤演示视频拍摄过程中所使用的汽修设备及工具。多所万通汽车院校的多名教师参与审校，具体见"专家委员会"名单。

由于编者水平有限，书中若有疏漏与不足之处，请读者予以指正。

万通汽车教育研究院
2024 年 4 月

目录

任务一　奥迪车型介绍

_____ 课时

班级：	组别：	姓名：	掌握程度：□优　□良　□及格　□不及格

一、工作任务

1. 了解奥迪常见车型，熟知奥迪不同车型的特点。

2. 掌握奥迪常见车型的性能（每个车系相对应的性能指标）。

二、项目认知

1. 奥迪车型介绍

（1）A 系列是奥迪的主要车型。其中，A3、A4、A6、A8 在目前较为畅销，分别是_____级、_____级、_____级、_____级轿车，竞争车型分别是宝马 1、3、5、7 系和奔驰 B、C、E、S 级；A5 是基于_____的 Coupe 版（Coupe 表示固定顶棚的车型）；A7 则是基于_____的四门 Coupe 版。

（2）S 系列是基于 A 系列的较高性能车型（比如 A6 和 S6 尺寸空间及外观基本一样，其中，匹配的发动机和变速器组合不一样，S 系列底盘悬架的抗扭性要比 A 系列的好一些，另外轮胎和轮毂尺寸大小也不同），S 系列底盘进行了小的运动化改动，全系标配 Quattro 四驱系统，一般在 A 系列上市后几个月发布。S 系列的竞争车型为_____的 135i、335i、550i 等普通版顶级排量车型。

（3）RS 系列是基于 A 系列的顶级性能车型，底盘进行了较大的运动化改动，全系标配 Quattro 四驱系统，一般在 A 系列上市 2 年后发布。RS 系列的竞争车型为_____的 M3、M5 等。

（4）Q 系列的车都是 SUV，底盘相对较高，通过性好；空间大，可以装载更多东西，灵活性高；四轮驱动系统对于复杂路况很有用。Q 系列（SUV）车型有 Q1、Q3、_____等。

（5）R 系列是奥迪公司旗下的豪华旅行跑车系列，奥迪 R 系列跑车是一款拥有强大性能和豪华内饰的顶级跑车。它的精湛工艺和出色表现，让驾驶者可以享受到超凡的驾驶体验。

2. 车型特点

（1）"A"是奥迪轿车的型号，A 后面的数字越大表示车型越高档，一般价格也越高。

A1 系列是紧凑型掀背车，A1 有 3 种，分别是_____、_____和敞篷车；

A2 系列是_____旅行车；

A3、A3 3-Door 系列是_____旅行车；

A4 系列是_____车；

A4 Avant 系列是_____旅行车；

A4 Cabriolet 系列是_____车；

A5 系列是奥迪于 2008 年推出的_____车；

A6、A6L 系列是_____车；

A6 Avant 系列是_____车；

A6 Allroad Quattro 系列是_____车；

A8、A8L 系列是_____车。

（2）RS 系列是高性能运动车，如 RS4、_____、RS6、RS6 Avant、RS6 Plus、TTRS。

（3）Q 系列属于 SUV 系列，其中包括 Q2L（小型 SUV）、Q3（_____型 SUV）、Q5L（中型 SUV）、Q7（_____型 SUV）、Q8（中大型轿跑 SUV）。

（4）R 系列是 GT 跑车（即豪华旅行跑车），目前奥迪 R 系列车型已经发展到第____代，包括 R8、_____、RS4、_____、TT RS 等车型。

（5）S 系列的轿车包括 S1、_____、S3、S4、S5、S6、_____、S8 和 SQ5。

□ 案例分享 □

案例 1：奥迪 A6L 豪华车型的性能指标如表 1-1 所示，外形如图 1-1 和图 1-2 所示。

□ 表 1-1　　奥迪 A6L 豪华车型的性能指标

排量/L	发动机类型	变速器类型	最高车速/（km/h）	驱动方式	缸体材料
2.0	直列 4 缸 TFSI[①]	6 速手动变速器/模拟 7 速 CVT[②]	220	前驱	铸铁
2.4[③]	V 型 6 缸	模拟 7 速 CVT	220	前驱	铝合金
2.7	V 型 6 缸 TDI[④]	模拟 7 速 CVT	220	前驱	
2.8	V 型 6 缸 FSI	模拟 7 速 CVT/6 速手自一体变速器	235	前驱/四驱	
3.0	V 型 6 缸 TFSI	6 速手自一体变速器	251	四驱	

排量/L	最大扭矩/N·m	综合油耗/（L/100km）	最大功率/kW	0 至 100km/h 加速时间/s	车身尺寸/mm×mm×mm
2.0	280	8.3	125	8.5	5035×1855×1485
2.4	230	8.8	130	9.3	
2.7	380	6.8	140	8.8	
2.8	280	9.3	162	7.9	
3.0	420	10.9	213	6.6	

注：① TFSI 表示燃料分层喷射技术。
② CVT 表示无级变速器。
③ 2.4L 排量的发动机的燃料喷射方式为多点电子喷射。
④ TDI 表示涡轮增压直接喷射（柴油发动机）。

奥迪 A6L 是一汽大众奥迪公司在德国新 A6 的基础上开发出的车型，是 A6 的换代产品。该车型于 2005 年 6 月 16 日上市。

案例 2：奥迪 A3 紧凑车型的性能指标如表 1-2 所示，外形如图 1-3 和图 1-4 所示。

☐ 图1-1　奥迪A6L外形（一）

☐ 图1-2　奥迪A6L外形（二）

☐ 表1-2　　　　　　　　　　奥迪 A3 紧凑车型的性能指标

排量/L	发动机类型	变速器类型	最高车速/（km/h）	驱动方式	缸体材料
1.4	直列4缸 TFSI	7 速双离合变速器	203	前驱	铸铁
1.8	直列4缸 TFSI	7 速双离合变速器	222		

排量/L	最大扭矩/N·m	综合油耗/（L/100km）	最大功率/kW	0 至 100km/h 加速时间/s	车身尺寸/mm×mm×mm
2.0	200	6.1～6.6	92	8.5	4292×1765×1423

☐ 图1-3　奥迪A3外形（一）

☐ 图1-4　奥迪A3外形（二）

案例 3：奥迪 R8 Coupe 超级跑车的性能指标如表 1-3 所示，其驾驶室及正面外形如图 1-5 和图 1-6 所示。

☐ 表1-3　　　　　　　　　　奥迪 R8 Coupe 超级跑车的性能指标

排量/L	变速器类型	最高车速/（km/h）	驱动方式	最大功率/kW	缸体材料
5.2	6 速电控机械式自动变速器（AMT）	316	四驱，发动机中置	386	铝合金
最大扭矩转速/（r/min）	发动机类型	0 至 100km/h 加速时间/s	综合油耗/（L/100km）	最大扭矩/N·m	车身尺寸/mm×mm×mm
6500	V 型 10 缸 FSI Quattro	3.9	14.9	530	4434×1930×1252

注：本车为 2 门 2 座。

□ 图1-5 奥迪R8 Coupe 驾驶室

□ 图1-6 奥迪R8 Coupe 正面外形

任务二　奥迪 A6 整车认知

_____ 课时

班级：		组别：		姓名：	掌握程度：□优 □良 □及格 □不及格
实训目的					掌握奥迪 A6 实车 VIN（车辆识别号）、发动机铭牌、底盘号的查找方法。
安全注意事项					注意设备、车辆及个人安全，规范操作。
教学组织					每辆车安排 6 位学员（组长 1 人、主修 1 人、辅修 1 人、观察员 1 人、评分 1 人、质检 1 人）作业，循环操作。
操作步骤演示					 奥迪A6整车认知

任务	作业记录内容　☑正确☒错误
前期准备	□ 1. 护具——整车防护 7 件套（车外 3 件套——前保险杠护垫/左翼子板护垫/右翼子板护垫，车内 4 件套——转向盘套/脚垫/座椅套/变速器操作杆套），如图 1-7 和图 1-8 所示。 □ 2. 耗材——软布，如图 1-9 所示。 □ 图1-7　车外3件套　　□ 图1-8　车内4件套　　□ 图1-9　软布 □ 3. 实训车辆——奥迪 A6。
安全检查	□ 1. 检查车辆驻车制动器是否被拉起，变速器挡位是否处于空挡。 □ 2. 在车辆前后放置车轮挡块。 □ 3. 使用实训车辆或台架前，检查实训车辆及台架周围是否安全。（注①）
防护工作	着装规范如图 1-10 所示。车身防护如图 1-11 所示。车内防护如图 1-12 所示。（注②）

注①：使用过程中若有异常或异响，应立即停止当前作业并及时和老师联系，不得擅自处理。
注②：安全防护要到位。

防护工作	   □ 图1-10　着装规范　　□ 图1-11　车身防护　　□ 图1-12　车内防护
操作流程	一、操作步骤 **步骤一　查找VIN** □ 1. 在主驾驶侧的风窗玻璃前端找到VIN的位置，如图1-13所示。 □ 2. 记录17位VIN（见图1-14）并分析其含义。   □ 图1-13　奥迪VIN的位置　　　□ 图1-14　奥迪17位VIN **注意：** WAU开头的VIN代表的是进口奥迪车；LFV开头的VIN代表的是国产奥迪车（即一汽奥迪车），如图1-14和图1-15所示。 奥迪A6轿车VIN L FV BA 2 4F 2 2 3 000308 1　2　3　4　5　6 7 8　　9 1—原产国（L指中国） 2—制造厂识别代码（FV指一汽大众汽车有限公司FAW-VW） 3—车身（CA/BA/3A/4A/6A/9A） 4—变速器（1代表手动变速器，2代表自动/无级变速器，4代表柴油车自动变速器） 5—车型（4B代表C5A6，8E代表B6A4，4E代表D3A8，4F代表C6A6） 6—校验位 7—车型生产年份 8—装配厂（3指一汽大众汽车有限公司） 9—生产序列号 注：C5A6的VIN第四位只是产品特征代码，没有特定意义 C6A6的VIN第四位代表发动机排量（4代表2.0T，6代表3.0L/3.2L，9代表4.2L） □ 图1-15　奥迪VIN的含义 **步骤二　查找发动机铭牌** □ 1. 打开发动机舱盖，如图1-16所示。 □ 2. 拆下中网盖板，如图1-17所示。   □ 图1-16　打开发动机舱盖　　　□ 图1-17　拆下中网盖板

	□ 3．找到发动机铭牌的位置。
	□ 4．从铭牌上读取车辆及发动机信息并记录，如图1-18所示。

品牌 AUDI　　制造国 德国　　Audi
生产厂 Audi AG Neckarsulm
车辆识别代号 WAUA8D4G3DN119887
整车型号 A6 2.0T hybrid
发动机型号 CHJ　最大允许总质量 2320kg
发动机排量 2.0L　制造年月 2013.03
发动机最大净功率 155KW　乘坐人数 5
电动动力系统最大输出功率 40.0 KW

□ 图1-18　奥迪车辆及发动机信息

□ 5.对发动机铭牌信息进行分析：该奥迪 A6 车辆的发动机铭牌显示为混合动力汽车，发动机铭牌显示发动机型号为 CHJ 系列，排量为 2.0L，最大功率（即最大净功率）为 155kW，电动动力系统最大输出功率为 40kW，制造日期为 2013年 3月。其他奥迪 A6 车辆的发动机铭牌信息如表 1-4 和表 1-5 所示。

□ 表 1-4　　　　　　　一汽奥迪 A6 发动机铭牌信息

奥迪（一汽奥迪）	发动机排量	发动机型号	发动机功率/kW（马力）	制造日期
A6（C5）	1.8L	ANQ	92（125）	1999.09
	1.8T	AWL	110（150）	2000.07
	2.4L	APS	121（165）	1999.09
	2.4L	BDV	125（170）	2003.06
	2.8L	BBG	140（190）	2002.07

□ 表 1-5　　　　　　　进口奥迪 A6 发动机铭牌信息

奥迪（进口奥迪）	发动机排量	发动机型号	发动机功率/kW（马力）	制造日期
A6（4F2/4F5）	2.0TFSI（4F2/4F5）	BPJ/BYK	125（170）	2005.06
	2.4①V6（4F2/4F5）	BDW	130（177）	2004.05—2008.10
	2.8FSI V6（4F2）	BDX	154（209）	2006.11—2008.10
	3.0 V6（4F2/4F5）	BBJ	160（218）	2004.05—2006.05
	3.2FSI V6（4F2/4F5）	AUK/BKH/BYU	188（256）	2004.05—2008.10
	4.2 V8（4F2/4F5）	BAT	246（334）	2004.05
	4.2 V8FSI（4F2）	BVJ	257（349）	2006.06

注：① 2.4指的是 2.4L。行业习惯一般未写排量单位的是 L，如果是涡轮增压需标注 T。

步骤三　查找底盘号

□ 1．在图 1-16 所示的打开的发动机舱中，在中网处找发动机底盘号的位置，如图 1-19 所示。

□ 2．记录底盘号信息，如图 1-20 所示。

操作流程	 □ 图1-19 奥迪底盘号位置 　　□ 图1-20 奥迪底盘号信息 **二、注意事项** □ 1. 注意先确定 VIN 的位置，再读取并记录 VIN 信息。 □ 2. 注意用软布把 VIN 刻印处擦干净。 **三、技术要求** □ 1. 掌握 VIN 的信息及用途。 □ 2. 了解底盘号的信息及用途。 □ 3. 了解发动机铭牌信息（排量、功率及制造日期等）。
质量验收	□ 查找的 VIN 的位置是否正确。　　　　　　　　　是□ 否□ □ 读取、记录的 VIN 信息是否正确。　　　　　　　是□ 否□ □ 查找的发动机铭牌的位置是否正确。　　　　　　是□ 否□ □ 读取、记录的发动机铭牌信息是否正确。　　　　是□ 否□ □ 查找的底盘号的位置是否正确。　　　　　　　　是□ 否□ □ 读取、记录的底盘号信息是否正确。　　　　　　是□ 否□
检查与评估	
6S 管理规范 （教师点评）	□整理 □整顿 □清扫 □清洁 □素养 □安全
成绩评定 （学生总结）	小组对本人的评定：□优 □良 □及格 □不及格 学生本次任务成绩：□优 □良 □及格 □不及格

专业考核评分表——奥迪 A6 整车认知

班级：		组别：		组长：		日期：		

技术标准：1. 奥迪 VIN 查找方法；2. 奥迪发动机铭牌查找方法；3. 奥迪底盘号查找方法

序号	作业项目	考核内容	考核标准	分值	扣分	得分
1	准备环节	正确选用护具、耗材等	选错 1 次扣 1 分	5		
2		做好车辆防护	漏做 1 项扣 1 分	5		
3	汽车 VIN、发动机铭牌及底盘号查找	找到汽车 VIN 并记录 VIN 信息	按照流程规范查找各号码正确的位置并记录，错 1 次扣 10 分	30		
4		正确打开发动机舱盖				
5		正确拆下中网盖板				
6		找到汽车发动机铭牌并记录相关信息				
7		找到汽车底盘号并记录相关信息				
8		看懂 VIN 的含义	正确分析各号码的含义，错 1 次扣 2 分	30		
9		看懂汽车发动机铭牌的含义				
10		看懂底盘号的含义				
11	安全检查及 6S 管理		未做安全检查及记录的扣 10 分；未按 6S 管理规范操作的扣 10 分	20		
12	项目实训时间		0～10min　　10 分 >10～12min　　8 分 >12～14min　　5 分 >14min　　0 分	10		

质检员：		评分员：		合计得分	

教师点评：

团队合作：优秀□ 良好□ 及格□	**分工明确**：优秀□ 良好□ 及格□
专业标准：优秀□ 良好□ 及格□	**操作规范**：优秀□ 良好□ 及格□

教师签字：　　　　　　　　　　　　　　　　　　　　　　年　　　月　　　日

注：实训未按规范操作，导致设备损坏或人身伤害，本次考核记 0 分。

———— 奥迪发动机认知与维护

任务一　发动机核心技术认知

_____课时

班级：	组别：	姓名：	掌握程度：□优　□良　□及格　□不及格

一、工作任务

1. 熟知发动机的基础知识。

2. 掌握汽油发动机的结构组成。

3. 了解奥迪发动机常见型号及其配置、技术参数等。

二、项目认知

1. 发动机的类型及组成

发动机是_____，按燃料可分为_____和_____等。

汽油发动机通常由_____大机构和_____大系统组成，分别是_____机构、_____机构、_____系统、_____系统、_____系统、_____系统、_____系统。

2. 奥迪发动机常见型号

大部分奥迪汽车使用的是大众的发动机，如EA888、EA837、EA211等。

（1）大众 EA888 发动机诞生于_____年，相对于EA111、EA113 等发动机要"年轻"得多。EA888 发动机集_____、_____、_____等一系列先进技术于一身，兼顾了动力性、经济性与环保性。图 2-1 所示为 EA888 发动机外观。

□ 图2-1　EA888发动机外观

EA888 发动机包括_____和_____两种排量：1.8TSI 最大功率为_____，最大扭矩为_____；2.0TSI 最大功率可达_____，最大扭矩为_____。

EA888 发动机采用了_____、_____与_____一体机等技术，使发动机运转更为平顺、噪声进一步降低。

（2）图 2-2 所示的 EA837 发动机总成最重要的特征：符合_____排放标准，_____发动机，带_____控制的皮带驱动式_____增压器。

EA837 发动机供油系统结合了_____和_____两种喷射模式，使排放更加优化、油耗更低。

（3）在 2012 年日内瓦国际车展上，大众汽车集团正式发布了全新_____发动机技术。EA211 发动机是大众旗下新型汽车发动机，同时也是首款在四缸发动机上采用_____关闭系统的发动机，在提升_____上有着明显的优势。

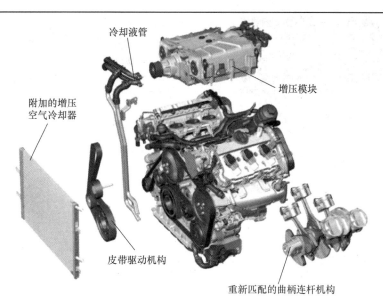

冷却液管

增压模块

附加的增压
空气冷却器

皮带驱动机构

重新匹配的曲柄连杆机构

□ 图2-2　EA837发动机总成

　　EA211 的 1.4T 涡轮增压发动机依靠奥迪的可变气门升程系统（AVS）来实现＿＿＿＿＿＿。图 2-3 所示为 EA211 发动机外观。

　　3．奥迪发动机核心技术

　　（1）气缸关闭系统（ACT，主动式气缸管理系统）主要用于在发动机处于＿＿＿＿＿＿负荷运转状态下时，自动关闭第＿＿＿＿＿＿缸和第＿＿＿＿＿＿缸，从而降低燃油的消耗。

□ 图2-3　EA211发动机外观

一般在汽车起动运行时，虽然只有＿＿＿＿＿＿个气缸在运行，但性能上也能像 4 个缸同时工作一样，也并不会影响发动机的平顺运行。而当驾驶员再次踩下加速踏板时，两个气缸就会重新起动并运行。该系统一般在发动机转速为 1250～4000r/min、扭矩输出达到＿＿＿＿＿＿～＿＿＿＿＿＿N·m 时便会自动开启。预计开启时间在 13～36ms，不过具体时间还是要根据发动机的转速来决定。

　　（2）FSI 是 Fuel Stratified Injection 的缩写，意指燃油＿＿＿＿＿＿。＿＿＿＿＿＿是电喷发动机利用电子芯片经过计算分析精确控制进入气缸燃烧的燃油喷射量，以提高发动机混合燃油比例，进而提高发动机效率的一种技术。与传统技术把燃油喷入进气＿＿＿＿＿＿的发动机相比，FSI 发动机的主要优势有：动态响应好，功率和扭矩可以同时提升，燃油消耗降低。图 2-4 所示为 FSI 发动机中排气侧的凸轮轴调整机构。

　　（3）涡轮增压燃油分层喷射（TFSI）发动机部分结构剖析如图 2-5 所示，TFSI 中的字母 T 代表的是＿＿＿＿＿＿（Turbocharger），而 TFSI 发动机本身也是在 FSI 发动机的基础上增加了一个涡轮增压器。涡轮增压器利用＿＿＿＿＿＿推动涡轮高速转动，再带动进气涡轮压缩进气，提高空气密度，同时控制单元控制增大＿＿＿＿＿＿，配合高密度的进气，因此可以在排量不变的条件下提高发动机工作＿＿＿＿＿＿。

□ 图2-4 FSI发动机中排气侧的凸轮轴调整机构

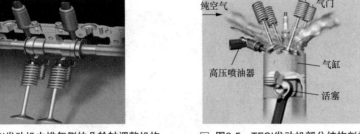

□ 图2-5 TFSI发动机部分结构剖析

三、技术简述

1. EA888 发动机

（1）发动机配置。

① 直列 4 缸汽油发动机，采用汽油_____技术。

② 采用废气涡轮增压器和_____冷却。

③ 链条传动。

④ 平衡轴。

⑤ 配气机构。

⑥ _____气门技术，两根顶置凸轮轴（DOHC）。

⑦ 进、排气凸轮轴连续调节。

⑧ AVS（其作用是_____）。

⑨ 智能起停系统和能量回收系统。

（2）混合气准备。

① 全电子发动机管理系统，采用_____节气门（E-Gas）。

② 直喷和_____管喷射并用。

③ 自适应 λ（空燃比）调节。

④ 特性曲线点火，配以静态_____分配。

⑤ 发动机在部分负荷时，具有小排量发动机省油的优点；在高负荷时，又具有大排量发动机的优点。因此，发动机在整个转速范围内，实现了极佳的效率和功率特性。

（3）技术参数，如表 2-1 所示。

□ 表 2-1　　　　　　　　　　　　EA888 发动机技术参数

名称	参数
发动机代码	CYRB
结构形式	直列 4 缸发动机
排量/cm³	1984
行程/mm	92.8
缸径/mm	82.5
每缸气门数	4
点火顺序	1-3-4-2
压缩比	9.6∶1
功率/kW，转速/(r/min)	185，5000～6000
扭矩/N·m，转速/(r/min)	370，1600～4500

续表

名称	参数
燃油	高级无铅汽油 ROZ 95（ROZ 即辛烷值）
发动机控制系统	Simos 18.4
λ 调节/爆燃调节	自适应 λ 调节，自适应爆燃调节
混合气形成	连续（两次）直喷（FSI）和进气歧管（MPI）喷射，带有自适应怠速充气调节
废气净化装置	靠近发动机的陶瓷催化净化器，涡轮增压器前和催化净化器后的 λ 传感器
排放标准	EU Ⅵ（W）
CO_2 排放/（g/km）	129/139

2．EA837 发动机

（1）发动机配置。

① V 型 6 缸发动机，使用＿＿＿＿＿＿增压系统（该发动机是以奥迪 3.2L-V6-FSI 发动机为基础开发的）。

② 真空系统采用＿＿＿＿＿＿式真空泵（结构与奥迪 3.2L-V6-FSI 发动机上的真空泵是相同的）。

③ 为了应对＿＿＿＿＿＿负荷情况，曲轴箱采用热处理技术。

④ 增压模块内集成有＿＿＿＿＿＿冷却器。

⑤ 发动机控制系统采用"Simos 8" p/n-调节。

⑥ 采用二次＿＿＿＿＿＿系统以满足 EU Ⅴ 和 ULEV Ⅱ 排放标准。

（2）取消下面的系统。

① 奥迪气门＿＿＿＿＿＿系统。

② ＿＿＿＿＿＿侧的凸轮轴调整机构。

（3）燃油供给系统、活性炭过滤装置和排气系统（用于可选 λ 调节的歧管）在几何形状和位置上都与 3.2L-V6-FSI 发动机＿＿＿＿＿＿是相同的。

（4）技术参数，如表 2-2 所示。

□ 表 2-2　　　　　　　　　　　EA837 发动机技术参数

名称	参数
发动机代码	CAJA
结构形式	V 型 6 缸发动机
排量/cm^3	2995
功率/kW（马力）	213（290），在 4850～7000 r/min 时
扭矩/N·m	420，在 2500～4850 r/min 时
每缸气门数	4
缸径/mm	84.5
行程/mm	89
压缩比	10.5：1
点火顺序	1-4-3-6-2-5
发动机质量/kg	190
发动机控制系统	Simos 8
燃油	ROZ 95

续表

名称	参数
混合气形成	直喷 FSI（均质模式）燃油高压泵 HDP 3
排放标准	EU V，ULEV II
废气净化装置	可选气缸的 λ 调节，每侧缸体各有一个置于催化净化器上游的宽频 λ 传感器，两个带有置于催化净化器下游的 λ 传感器（阶越式传感器）的陶瓷催化净化器
CO_2 排放/（g/km）	228

3．EA211 发动机

（1）发动机配置。

① 直列 4 缸发动机。

② 四气门技术，顶置_____凸轮轴（DOHC）。

③ 汽油_____喷射系统。

④ 缸体是铸_____的。

⑤ 废气涡轮增压系统使用间接增压空气冷却。

⑥ 增压空气_____集成在进气歧管内（进气歧管外面包裹着冷却液道）。

⑦ 齿形皮带机构。

⑧ 混合气准备采用全电子直喷和 E-Gas（_____）。

⑨ 1.4T-TFSI 发动机有气缸管理/气缸_____功能。

⑩ 废气净化系统采用陶瓷催化净化器，催化净化器通过_____（均质分开模式）来加热。

⑪ 能量回收系统，用于在车辆惯性滑行时回收_____。

⑫ 智能_____系统（取决于车型和国别）。

（2）技术参数，如表 2-3 所示。

□ 表 2-3　　　　　　　　　　EA211 发动机技术参数

使用车型	奥迪 2013 款 A3		奥迪 A1，奥迪 2013 款 A3
发动机代码	CJZA	CMBA	CPTA
功率/kW（马力）	77（105）	90（122）	103（140）
扭矩/N·m	175	200	250
排放标准	EU V plus	EU V plus	EU V plus
变速器	0AJ 0CW 0AH	0CW 0AJ	A1:02Q,0CW 2013 款 A3:025
燃油喷射系统	FSI	FSI	FSI
增压系统	有	有	有
气缸关闭系统	无	无	有

◇ 案例分享 ◇

◆━━【故障现象】━━◆

一辆奥迪 A4L，发动机 2.0T，变速器型号为 0AW，行驶里程是 22011km，客户反映发动机故障灯亮起，车辆起动时间长。

【故障诊断】

1. 用奥迪诊断仪（使用诊断接口 VAS5052）检查发动机控制单元系统，发现存储有"04096-气缸列 1，凸轮轴位置传感器-G40/曲轴位置传感器-G28 定位错误"故障码。

2. 通过 VAS5052 清除故障码后，车辆首次起动正常，但是当故障码再次出现时车辆起动就会很困难。

3. 由于此类故障以前在奥迪 C6 车型中出现过，但是都是正常行驶时出现的，而该车是前部大事故修复后出现该故障的，先后更换了进/排气凸轮轴、气缸盖及高压油泵等，故障均未排除，所以查找思路很难确定，分析可能是配气正时和发动机正时不正确，具体是哪里有问题需要进一步细查。

4. 首先核实凸轮轴备件没有问题，其次重新检查凸轮轴链条正时记号，手动转动发动机 100 圈，记号没有发生变化。

5. 将该车辆的凸轮轴调节阀替换到其他车辆上，使用正常，因此怀疑曲轴正时轮与曲轴配合位置错误，拆下之后发现曲轴正时轮损坏，曲轴与正时轮定位的键槽定位面轻微不平。

【故障排除】

更换曲轴正时轮，删除系统故障码，路试跟踪发现故障彻底排除。

【故障原因】

车辆行驶过程中前部发生碰撞，此时发动机处于运转状态，凸轮轴轻微后移致使传动链条扭转摆动，使得曲轴前端正时轮周向运动拉毛定位面，由于错位轻微，表面正时记号及配气相位看起来都没错，实际已经错位，导致上述现象。

【故障总结】

发动机很多故障都会伴随发动机难起动、动力下降及车辆抖动等现象。发动机的问题无小事，大家一定要重视。发动机故障灯亮起时，先检查车辆的行驶是否出现异常，如果情况严重就需要呼叫救援车，将车辆送至门店，读取 ECU 故障码，再根据故障码的提示逐步排查即可。

任务二　奥迪发动机正时链条的拆装

＿＿＿＿＿＿＿课时

班级：		组别：		姓名：		掌握程度：□优　□良　□及格　□不及格
实训目的		掌握奥迪发动机正时链条的拆卸和安装操作步骤及注意事项。				
安全注意事项		注意设备及个人安全，规范操作。				
教学组织		每辆车安排6位学员（组长1人、主修1人、辅修1人、观察员1人、评分1人、质检1人）作业，循环操作。				

操作步骤演示	奥迪发动机正时链条的拆装（一）	奥迪发动机正时链条的拆装（二）	奥迪发动机正时链条的拆装（三）	奥迪发动机正时链条的拆装（四）

任务	作业记录内容　☑正确☒错误
前期准备	□ 1. 护具——整车防护7件套（车外3件套——前保险杠护垫/左翼子板护垫/右翼子板护垫，车内4件套——转向盘套/脚垫/座椅套/变速器操作杆套），如图2-6和图2-7所示。 □ 2. 工具——世达工具（见图2-8）、奥迪诊断仪（见图2-9）、百分表等。 □ 图2-6　车外3件套　　□ 图2-7　车内4件套　　□ 图2-8　世达工具 □ 3. 耗材——软布、清洗剂，如图2-10和图2-11所示。 □ 图2-9　奥迪诊断仪　　□ 图2-10　软布　　□ 图2-11　清洗剂 □ 4. 实训车辆——奥迪A6L。

安全检查	☐ 1. 检查车辆驻车制动器是否被拉起，变速器挡位是否处于空挡。 ☐ 2. 举升车辆前，检查实训台架及周围是否安全。 ☐ 3. 举升车辆至高出地面 10～20cm，检查举升机支点位置是否正确。（注①）
防护工作	着装规范如图 2-12 所示。车身防护如图 2-13 所示。车内防护如图 2-14 所示。（注②）    ☐ 图2-12 着装规范　☐ 图2-13 车身防护　☐ 图2-14 车内防护
操作流程	一、操作步骤 ☐ 1. 打开点火开关，查询故障码，将诊断系统与车辆连接，如图 2-15 所示。（注③） ☐ 2. 通过诊断系统读取发动机各个工况的数据流，如图 2-16 所示。（注③）  ☐ 图2-15 诊断系统与车辆连接 ☐ 3. 通过数据分析，"怠速转速""3区"数据是配气正时的数据，正确时显示值应在 0°±6° 范围内，此车"93组数据"已显示 9.09°，确定发动机正时记号：两个有色链条与进排气正时齿轮的记号应对齐（见图 2-17），否则存在问题。 彩图2-17  ☐ 图2-16 发动机数据流　☐ 图2-17 确定发动机正时记号 ☐ 4. 拆卸发动机前端的附件及凸轮轴执行器，如图 2-18 和图 2-19 所示。（注④） ☐ 5. 拆卸正时前端盖和进气相位传感器，如图 2-20 和图 2-21 所示。（注⑤）

注①：举升车辆时，注意举升过程中有无异常、异响。若有，应立即停止当前作业并及时和老师联系，不得擅自处理。
注②：安全防护要到位。
注③：先确定发动机故障灯点亮，再使用诊断仪读取故障码，由故障码读取相应的数据流。
注④：拆卸配件时严格按6S管理规范操作，做到摆放整齐。
注⑤：拆卸正时前端盖时，要注意正时记号。

操作流程	 □ 图2-18　拆发动机前端附件　　 □ 图2-19　拆凸轮轴执行器  □ 图2-20　拆正时前端盖　　 □ 图2-21　进气相位传感器 □ 6. 使用专用工具固定曲轴，拆卸曲轴皮带轮，如图 2-22 和图 2-23 所示。 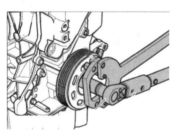 □ 图2-22　固定曲轴　　 □ 图2-23　拆卸曲轴皮带轮 □ 7. 拆卸左侧的张紧器，并检查张紧器的工作性能是否完好，如图 2-24 和图 2-25 所示。  □ 图2-24　拆卸左侧张紧器（一）　　 □ 图2-25　拆卸左侧张紧器（二） □ 8. 松开左侧的链条滑轨，并检查滑轨是否磨损，如图 2-26 和图 2-27 所示。（注⑥）

注⑥：必须要检查滑轨及张紧器的磨损情况或性能是否良好。

操作流程	
	 □ 图2-26　松开左侧链条滑轨　　 □ 图2-27　检查左侧链条滑轨 □ 9．拆卸右侧的张紧器和链条滑轨，并检查是否磨损，如图 2-28 和图 2-29 所示。  □ 图2-28　拆卸右侧张紧器　　 □ 图2-29　拆卸右侧链条滑轨 □ 10．拆卸链条，检查新、旧链条的区别，并做出判断，如图 2-30 和图 2-31 所示。（注⑦）  □ 图2-30　拆卸链条　　 □ 图2-31　新、旧链条对比 □ 11．安装新链条，并找到链条及轴上的正时记号，如图 2-32 和图 2-33 所示。  □ 图2-32　安装新链条　　 □ 图2-33　正时记号　　 彩图2-33

注⑦：检查链条磨损情况，一般采用比较链轮大小及链条长度大小的方法。

操作流程	□ 12. 先看清右边进气凸轮轴正时记号，将其与链条上的记号对齐，如图 2-34 所示。 □ 13. 安装好右侧的链条滑轨，如图 2-35 所示。   □ 图2-34　链条记号与凸轮轴正时记号　　　□ 图2-35　安装右侧链条滑轨 □ 14. 先看清曲轴上的正时记号，将其与链条上的记号对齐，如图 2-36 和图 2-37 所示。   □ 图2-36　曲轴上的正时记号　　　　　□ 图2-37　链条上的记号 □ 15. 使用凸轮轴专用工具转动左侧排气凸轮轴，找到排气凸轮轴上的正时记号并将其与链条上的记号对齐，如图 2-38 和图 2-39 所示。（注⑧）   □ 图2-38　转动左侧排气凸轮轴　　　　□ 图2-39　找到排气凸轮轴正时记号 □ 16. 将排气凸轮轴上的正时记号与链条上的记号对齐，安装左侧链条滑轨并安装好张紧器，如图 2-40 和图 2-41 所示。（注⑨） □ 17. 安装好正时前端盖，如图 2-42 所示。

注⑧：各个螺栓的安装必须符合规定的拧紧力矩。

注⑨：安装顺序是：进气凸轮轴→排气凸轮轴→曲轴。

□ 图2-40　对齐正时记号

□ 图2-41　安装左侧张紧轮

□ 18．将发动机第一缸的活塞调整到上止点，拆卸第一缸点火线圈及火花塞，如图 2-43 和图 2-44 所示。

□ 图2-42　安装正时前端盖

□ 图2-43　拆卸点火线圈

操作流程

□ 19．在第一缸中，安装百分表，转动发动机曲轴，观察百分表转动情况，如图 2-45 和图 2-46 所示。

□ 图2-44　拆卸火花塞

□ 图2-45　安装百分表

□ 20．根据百分表指针的变化（见图 2-47），确定第一缸的上止点。

□ 图2-46　转动曲轴观察百分表

□ 图2-47　百分表指针变化

□ 21．安装好火花塞和点火线圈，如图 2-48 和图 2-49 所示。

□ 22．找到皮带轮正时记号及曲轴上的正时记号，并安装好皮带轮，如图 2-50

操作流程	和图 2-51 所示。（注⑩）   □ 图2-48　安装火花塞　　　　　□ 图2-49　安装点火线圈   □ 图2-50　皮带轮正时记号　　　　□ 图2-51　安装皮带轮 □ 23．将拆卸下来的其他部件按先拆后装的顺序装回。 **二、注意事项** □ 1．拆卸的链条滑轨必要时也可更换。 □ 2．所有螺栓要按照规定的安装位置、力矩进行紧固。 □ 3．严格按照要求定期保养，保证发动机有足够的机油润滑。 □ 4．注意安装前的清洁。 □ 5．定期清洗发动机积炭。 □ 6．由于正时错误引发的故障较多，因此应注意对齐正时记号。 **三、技术要求** □ 1．按照维修手册的顺序要求安装及调整各部件。 □ 2．所有操作完成后发动机应起动运转顺畅。
质量验收	□ 起动发动机，检查发动机是否抖动。　　　　　是□　否□ □ 同客户试车确认。　　　　　　　　　　　　　是□　否□ □ 检查发动机配件处理是否合理。　　　　　　　是□　否□ □ 与施工单对照检查项目是否全部完成。　　　　是□　否□ □ 检查工具、设备是否遗漏在车上。　　　　　　是□　否□
检查与评估	
6S 管理规范 （教师点评）	□整理　□整顿　□清扫　□清洁　□素养　□安全
成绩评定 （学生总结）	小组对本人的评定：□优　□良　□及格　□不及格 学生本次任务成绩：□优　□良　□及格　□不及格

注⑩：专用工具使用要规范；皮带轮正时记号与曲轴正时记号要对齐。

专业考核评分表——奥迪发动机正时链条的拆装

班级：		组别：	组长：		日期：		
技术标准：1. 正时链条的拆装流程；2. 正时链条的拆装要求							
序号	作业项目	考核内容	考核标准	分值	扣分	得分	
1	准备环节	正确选用工具	选错1次扣1分	5			
2	准备环节	正确使用工具	用错1次扣1分	5			
3	拆卸环节	连接诊断系统读取数据流，进行数据分析	按照流程规范拆卸，操作错1次扣4分	40			
4	拆卸环节	拆卸发动机前端附件					
5	拆卸环节	拆凸轮轴执行器					
6	拆卸环节	拆正时前端盖和进气相位传感器					
7	拆卸环节	拆曲轴皮带轮					
8	拆卸环节	拆张紧器和链条滑轨并检查是否磨损					
9	拆卸环节	拆卸链条并进行新、旧链条对比					
10	安装环节	安装新链条	大致按照后拆先装顺序操作，操作错1次扣4分	40			
11	安装环节	找到各正时记号					
12	安装环节	对准正时记号					
13	安装环节	安装两侧链条滑轨及其张紧器					
14	安装环节	确定正时安装正确					
15	安装环节	安装正时前端盖					
16	安装环节	拆卸火花塞和点火线圈					
17	安装环节	安装百分表					
18	安装环节	确定上止点					
19	安装环节	安装火花塞和点火线圈					
20	安装环节	安装皮带轮，将其他部件装回					
21	项目实训时间		0～20min 10分 >20～25min 7分 >25min 0分	10			
质检员：		评分员：			合计得分		
教师点评：							
团队合作：优秀□ 良好□ 及格□ 分工明确：优秀□ 良好□ 及格□							
专业标准：优秀□ 良好□ 及格□ 操作规范：优秀□ 良好□ 及格□							
教师签字：				年 月 日			

注：实训未按规范操作，导致出现设备损坏或人身伤害，本次考核记0分。

奥迪发动机进气系统维护

任务一　进气系统认知

_____ 课时

班级：	组别：	姓名：	掌握程度：□优　□良　□及格　□不及格

一、工作任务

1. 熟知进气系统的作用及组成。

2. 掌握可变气门升程机构与机械增压器的原理。

二、项目认知

1. 进气系统（见图3-1）的认知

（1）作用：进气系统的功用是将新鲜的气体或纯净的空气尽可能多地供入_____内，并尽可能地使各个气缸进气量保持_____，为各缸热功转换提供物质基础。

（2）组成：奥迪 A3 发动机进气系统由空气滤清器、_____、_____、_____、进气歧管模块等组成，如图3-1所示。

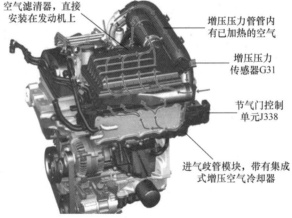

空气滤清器，直接
安装在发动机上

增压压力管管内
有已加热的空气

增压压力
传感器G31

节气门控制
单元J338

进气歧管模块，带有集成
式增压空气冷却器

□ **图3-1　进气系统**

2. 可变进气歧管

（1）目的：解决_____工况要求较大扭矩与高速工况要求较强_____之间的矛盾。

（2）工作方式：通过一个_____，可以实现长、短两种不同进气道（见图 3-2 和图 3-3）充气。长进气道的作用是使扭矩增大，短进气道的作用是使功率增加。

（3）工作原理：翻板关闭时，空气会沿长进气道盘绕充气，靠空气_____获得较好充气效果，获得较大发动机扭矩；翻板打开时，一部分空气仍沿长进气道进气，另一部分直接通过_____气道进入气缸内，获得较大进气量与进气_____，从而获得较大发动机功率。

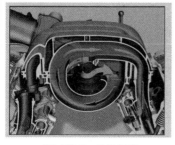

彩图3-2

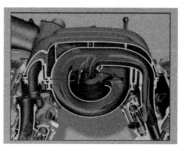

彩图3-3

□ 图3-2 长进气道 □ 图3-3 短进气道

3．可变气门升程机构（见图3-4）

（1）作用：可变气门升程系统（Adjustable Valve System，AVS），实现了在低速与_____等不同工况下，燃油经济性和动力性的完美结合，解决了低速工况要求较好燃油经济性与高速工况要求较强的_____之间的矛盾。

（2）工作方式：对气门升程采取_____级控制，由凸轮轴直接操纵这个可变气门升程机构。

（3）工作原理：奥迪汽车可变气门升程机构使用的是两套"凸轮"，这些凸轮装在进气凸轮轴上，可以轴向_____。两个外形不同的凸轮紧密相邻，一个升程小，一个升程大。改变凸轮块位置，就可以按_____状态来控制进气门打开的程度和时间。其工作原理如图3-5所示。

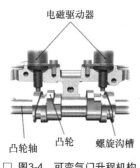

电磁驱动器

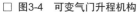

凸轮轴 凸轮 螺旋沟槽

□ 图3-4 可变气门升程机构

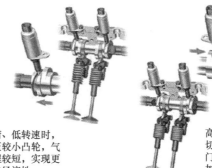

低负荷、低转速时，切换至较小凸轮，气门升程较短，实现更出色的经济性

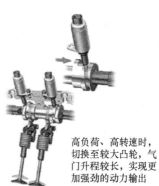

高负荷、高转速时，切换至较大凸轮，气门升程较长，实现更加强劲的动力输出

□ 图3-5 可变气门升程机构工作原理

4．机械增压器（见图3-6）

（1）目的：为了更快、更早地使增压器的效果体现出来，奥迪开发了_____增压发动机。

（2）工作方式：增压的动力直接取自发动机_____，采用皮带传动，增压器工作转速随发动机转速变化。

（3）工作原理：使用_____式机械增压器，采用挤压工作原理，如图3-7所示。

□ 图3-6 机械增压器

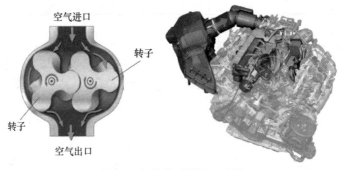

□ 图3-7 机械增压器挤压工作原理

（4）优势：结构紧凑，压缩空气到气缸的路径非常_____，反应非常快，增压压力是连续供给的，且随转速升高而_____。发动机扭矩增大快，可提前达到最大扭矩，因此起步性能好，寿命高，保养方便。

······················· □ 案例分享 □ ·······················

————————【故障现象】————————

一辆2006款奥迪A6 2.0T轿车，行驶里程118000km，客户反映一个月前开始，车辆急加速时车身抖动。

————————【故障诊断】————————

1. 观察发现发动机故障灯没有点亮，路试，由怠速提升到1800～2600r/min时车辆没有抖动，再加速出现抖动，提速到2600r/min以上时抖动消失。连接奥迪诊断仪（使用诊断接口VAS5052）检测发动机控制单元，没有故障记忆，在车辆抖动时读数据块14组没有失火记录。

2. 怀疑是发动机动平衡不好而引起共振，但是检测动平衡操作较复杂，还是先考虑其他故障原因，对动平衡的考虑暂时保留。

3. 此车发动机带有平衡轴，检查发现平衡轴的正时位置正常。在拆检平衡轴时发现油底壳内有少量的金属碎屑，拆卸气门室盖，发现驱动高压油泵的凸轮磨损严重。

4. 怀疑驱动高压燃油泵的凸轮严重磨损，导致柱塞工作行程不足，造成急加速时供油量不足而产生抖动，但是更换凸轮轴及高压燃油泵后试车，故障依旧。

5. 此时维修人员觉得对抖动的分析出现了偏差，分析中忽略了一个重要的现象，即在发动机转速为 2600r/min 时抖动立刻消失，说明在此转速时发动机的某一个系统介入工作消除了抖动。

6. 重点检查进气管道，发现进气道翻板积炭严重。

●━━━━━━━━【故障排除】━━━━━━━━●

清除进气道翻板积炭，试车，故障现象消失。分析原因是进气道翻板在未完全打开时，积炭堵塞通路导致进气量不足使发动机抖动，在翻板完全打开后增加了进气量，发动机抖动消失。

●━━━━━━━━【故障原因】━━━━━━━━●

1. 查资料得知在发动机转速达到 2600r/min 时进气道翻板会打开，于是拔下进气道翻板电动机插头，因对电动机断电后的翻板是默认位置（打开状态），路试发现抖动现象消失。

2. 此时怀疑进气道翻板有问题，拆下进气道，检查发现进气道正常、翻板及电动机工作正常，但是进气道翻板积炭严重（曲轴箱强制通风装置中的油气经过进气道翻板时附着在上面被加热生成积炭）。

●━━━━━━━━【案例总结】━━━━━━━━●

对进气系统进行故障诊断与排除需对其原理及实物结合起来分析，才可准确地找到故障发生的原因，并采取相应的方法予以排除。

任务二　节气门清洗及匹配

_____课时

班级：	组别：	姓名：	掌握程度：□优 □良 □及格 □不及格
实训目的	掌握节气门的清洗与匹配的操作步骤及注意事项。		
安全注意事项	注意设备及个人安全，规范操作。		
教学组织	每辆车安排 6 位学员（组长 1 人、主修 1 人、辅修 1 人、观察员 1 人、评分 1 人、质检 1 人）作业，循环操作。		
操作步骤演示	[二维码] 节气门清洗及匹配		
任务	作业记录内容　☑正确☒错误		
前期准备	□ 1. 护具——整车防护 7 件套（车外 3 件套——前保险杠护垫/左翼子板护垫/右翼子板护垫，车内 4 件套——转向盘套/脚垫/座椅套/变速器操作杆套），如图 3-8 和图 3-9 所示。 □ 2. 工具——世达工具、奥迪诊断仪等，如图 3-10 和图 3-11 所示。 □ 图3-8　车外3件套　　□ 图3-9　车内4件套　　□ 图3-10　世达工具 □ 3. 耗材——清洗剂（见图 3-12）、软布（见图 3-13）、软刷、毛巾等。 □ 图3-11　奥迪诊断仪　　□ 图3-12　清洗剂　　□ 图3-13　软布 □ 4. 实训车辆——奥迪 C6。		

安全检查	□ 1. 检查车辆驻车制动器是否被拉起，变速器挡位是否处于空挡。 □ 2. 在车辆前后放置车轮挡块。 □ 3. 使用实训车辆或台架前，检查其周围是否安全。（注①）
防护工作	着装规范如图3-14所示。车身防护如图3-15所示。车内防护如图3-16所示。（注②）    □ 图3-14 着装规范　　□ 图3-15 车身防护　　□ 图3-16 车内防护
操作流程	一、操作步骤 步骤一　拆卸节气门 □ 1. 取下发动机舱盖，清洁发动机舱，如图3-17所示。 □ 2. 打开空气导流软管的软管卡箍（图3-17中箭头处），将软管从节气门控制单元J338（见图3-18）上向下拉出。   □ 图3-17 发动机舱　　　　　　□ 图3-18 节气门控制单元J338 □ 3. 从节气门控制单元J338上拔下电插头（见图3-19），旋出节气门控制单元J338的4个螺栓（图3-19中箭头处），取下节气门控制单元J338，在拆下后的位置盖毛巾（避免拆卸过程中灰尘、杂质落入进气道）。（注③） □ 4. 用塑料棒或木块按下节气门阀的一边，使节气门阀打开10%～30%的开度，如图3-20所示，并保持该位置状态，用清洗剂喷洗节气门阀与阀体之间的积炭或杂质。（注④）

注①：使用过程中若有异常或异响，应立即停止当前作业并及时和老师联系，不得擅自处理。
注②：安全防护要到位。
注③：注意线束插头的正确插拔方法。
注④：重点清洗节气门轴及翻板，禁用尖锐物品刮蹭节气门。

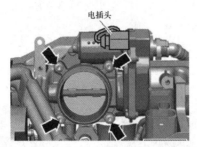
电插头

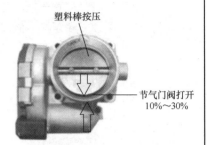
塑料棒按压

节气门阀打开
10%～30%

□ 图3-19 节气门控制单元电插头及螺栓位置 　　□ 图3-20 节气门阀、阀体

□ 5. 清洁节气门接口，尤其是封闭节气门区域内，用常用的清洗剂和软刷彻底清洁。用一块干净的软布擦干净节气门接口（见图 3-21），让清洗剂完全蒸发。

操作流程

□ 图3-21 清洁节气门接口

□ 6. 将清洁过的节气门控制单元再次安装，线束、管路等装配复原，检查是否安装到位。

步骤二 节气门匹配（注⑤）

□ 1. 先连接奥迪诊断仪，打开点火开关，不起动发动机，进行节气门位置的匹配。

□ 2. 进入发动机控制模块，查询发动机模块有无故障码，如有，先清除故障码。再次检测是否还存在故障码，如有就必须排除发动机故障。

□ 3. 故障排除，选择"节气门匹配"，根据车型选择"类型 1（060 通道）"。

□ 4. 当看到界面显示"节气门匹配测试"时，应听到节气门有 2～3 次动作的声音。最后当界面显示"基本设置结束"时，说明节气门匹配完成。

□ 5. 起动发动机，检查是否起动正常。

二、注意事项

□ 1. 注意线束插头的正确插拔。

□ 2. 注意空气导流软管的正确拆装。

□ 3. 注意用毛巾覆盖节气门。

□ 4. 注意安装节气门前的清洁。

□ 5. 注意清洁密封圈的密封面。

注⑤：不同车型匹配方法是不同的，同种车型的通道和组别数也会不同，本任务采用的是奥迪 C6。

操作流程	三、技术要求 □ 1. 节气门体固定螺栓的安装位置、力矩应正确。 □ 2. 清洗节气门时，进口向下呈 45°倾斜，防止清洗剂流入节气门上的电子设备。 □ 3. 诊断仪的通道编号应输入正确。	
质量验收	□ 起动发动机，检查发动机是否抖动。 □ 同客户试车确认。 □ 检查仪表是否有报警。 □ 与施工单对照检查项目是否全部完成。 □ 检查工具、设备是否遗漏在车上。	是□　否□ 是□　否□ 是□　否□ 是□　否□ 是□　否□
检查与评估		
6S 管理规范 （教师点评）	□整理　□整顿　□清扫　□清洁　□素养　□安全	
成绩评定 （学生总结）	小组对本人的评定：□优　□良　□及格　□不及格 学生本次任务成绩：□优　□良　□及格　□不及格	

专业考核评分表——节气门清洗及匹配

班级：		组别：		组长：		日期：		
技术标准：1. 节气门清洗的流程；2. 节气门的匹配方法								
序号	作业项目	考核内容	考核标准		分值	扣分	得分	
1	准备环节	正确选用工具	选错1次扣1分		5			
2		正确使用工具	用错1次扣1分		5			
3	节气门清洗环节	清洁发动机舱，拉出软管	按照流程规范拆卸，错1次扣5分		20			
4		拔下节气门控制单元的电插头，并旋出螺栓						
5		拆卸节气门控制单元						
6		清洗节气门及节气门接口	按照清洗流程规范操作，错1次扣5分		20			
7		安装好节气门控制单元						
8	节气门匹配环节	连接诊断仪	按照诊断仪使用方法操作，错1次扣5分		20			
9		清除故障码						
10		输入正确的通道号	按照匹配流程操作，错1次扣5分		20			
11		匹配成功提示						
12		起动发动机验收						
13		项目实训时间	0～20min　　10分 ＞20～22min　　8分 ＞22～24min　　5分 ＞24min　　　0分		10			
质检员：		评分员：			合计得分			
教师点评：								
团队合作：优秀□ 良好□ 及格□　　分工明确：优秀□ 良好□ 及格□								
专业标准：优秀□ 良好□ 及格□　　操作规范：优秀□ 良好□ 及格□								
教师签字：					年　　　月　　　日			

注：实训未按规范操作，导致出现设备损坏或人身伤害，本次考核记0分。

任务一 点火系统认知

_____ 课时

班级：	组别：		姓名：	掌握程度：□优 □良 □及格 □不及格

一、工作任务

1．掌握点火系统的作用、组成及工作原理。

2．了解火花塞的位置、更换周期及检查方法。

3．掌握点火系统中传感器的更换周期及故障现象。

二、项目认知

1．点火系统的作用及组成

（1）点火系统的作用是适时地为汽油发动机气缸内已压缩的_____，提供足够能量的_____，使发动机燃料能及时、迅速地燃烧做功，如图4-1所示。

（2）现代发动机的电控点火系统通常由蓄电池、点火模块、_____、_____、_____、_____和_____等组成，如图4-2所示。

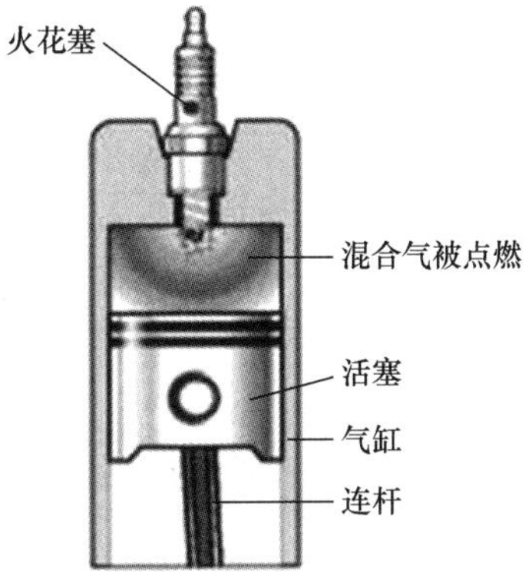

□ 图4-1 点火系统的作用

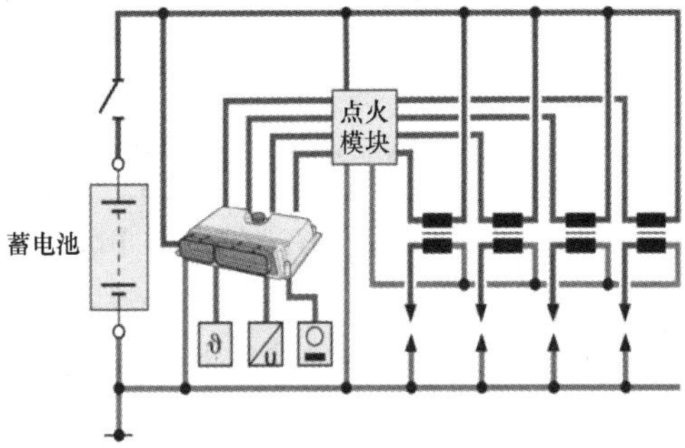

□ 图4-2 电控点火系统的组成

2．点火系统的工作原理

点火系统的工作原理如图4-3所示。_____把来自蓄电池或发电机的_____V低压电_____转变为15～20kV的高压电，由_____控制送入各缸火花塞，击穿其电极间隙从而点燃_____。

3．火花塞的位置及更换周期

（1）火花塞的位置（见图4-4）一般在_____内部，拆除_____之后可以清晰地看到。

（2）不同种类的火花塞更换周期一般是多少？

普通火花塞_____；铂金火花塞_____；

铱金火花塞_____。

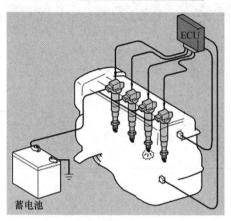

ECU

蓄电池

□ 图4-3 点火系统的工作原理

□ 图4-4 火花塞位置（EA888发动机）

4．火花塞的检查及故障现象

（1）想要确定火花塞是否能够正常工作，通常用什么方法？

① _____

② _____

③ _____

（2）火花塞出现故障时一般会造成什么现象？

① _____

② _____

③ _____

····················· □ 案例分享 □ ·····················

●────────【故障现象】────────●

一辆 2011 款奥迪 A4L，车辆出现严重抖动的问题，主要表现在发动机抖动、加速无力、油耗高等，对车辆进行检查。将发动机舱盖打开，可明显地观察到发动机有不正常抖动。

●────────【故障诊断】────────●

1．车辆连接奥迪诊断仪进行故障码检测，如图 4-5 所示，很快就找到了故障原因所在。系统显示"气缸 3 检测到不发火"的故障码，即"缺缸"，指某个气缸不工作或不能正常工作。

2．产生此故障的多数原因是该气缸的火花塞有问题。为了更准确地找到问题，先将一缸与三缸的火花塞对调。

3．拆下点火线圈与火花塞，观察火花塞，如图 4-6 所示，火花塞已经被积炭包围了，对调完毕后起动发动机，将旧的故障码清除，再用力踩几次制动踏板，重新检测发动机故障码，显示"气缸 1 检测到不发火"。

4．可以确定是火花塞出现了问题，导致了发动机抖动、加速无力、油耗高等。

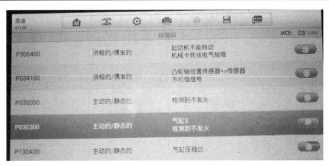

奥迪 v11.90							VCI	12.05V
				故障码				
P305400	消极的/偶发的			起动机不能转动 机械卡死或电气故障				
P034100	消极的/偶发的			凸轮轴位置传感器=>传感器 不可信信号				
P030000	主动的/静态的			检测到不发火				
P030300	主动的/静态的			气缸3 检测到不发火				
P130A00	主动的/静态的			气缸压缩比				

□ 图4-5　诊断仪检测数据

□ 图4-6　拆下的火花塞

【故障排除】

使用奥迪专用工具拆掉火花塞，检查发现火花塞点火部分积炭严重，间隙也偏大。更换奥迪专用火花塞后试车，故障排除。

【故障原因】

故障原因可能是电路故障、电极间隙不正确、电极烧蚀、电极积炭过多等。

【案例总结】

1. 首先用诊断仪检测系统是否有故障，根据故障码检查数据流是否正常。

2. 然后咨询客户保养情况，是否正常维护车辆，车辆是否是事故车，是否在其他地方维修过相关系统。

3. 采用更换配件或总成件的方法，测试和判断故障点。

任务二　凸轮轴位置传感器的检测

_____课时

班级：		组别：		姓名：		掌握程度：□优　□良　□及格　□不及格
实训目的		掌握凸轮轴位置传感器检测的操作步骤及注意事项。				
安全注意事项		注意设备及个人安全，规范操作。				
教学组织		每辆车安排6位学员（组长1人、主修1人、辅修1人、观察员1人、评分1人、质检1人）作业，循环操作。				

操作步骤演示	[二维码] 凸轮轴位置传感器的检测
任务	作业记录内容　☑正确☒错误

| 前期准备 | □ 1. 护具——整车防护7件套（车外3件套——前保险杠护垫/左翼子板护垫/右翼子板护垫，车内4件套——转向盘套/脚垫/座椅套/变速器操作杆套），如图4-7和图4-8所示。

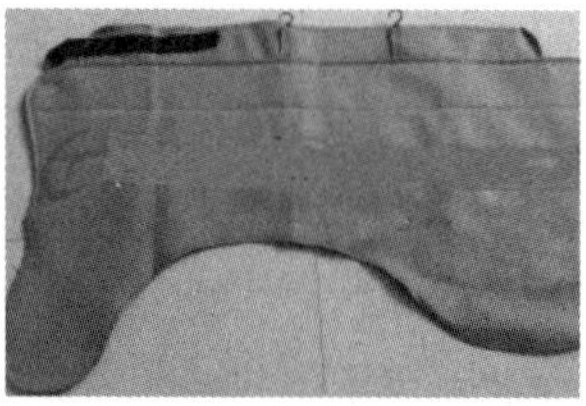

□ 图4-7　车外3件套　　　　　□ 图4-8　车内4件套

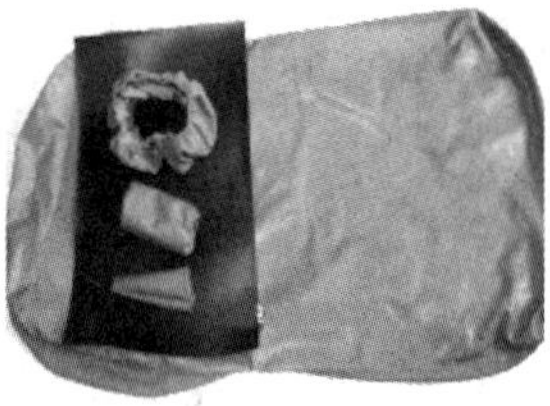

□ 2. 工具——世达工具（见图4-9）、万用表（见图4-10）、吹枪、奥迪诊断仪（使用VAS5054诊断接口）、示波器等。

□ 3. 耗材——凸轮轴位置传感器，如图4-11所示。

□ 图4-9　世达工具　　□ 图4-10　万用表　　□ 图4-11　凸轮轴位置传感器

□ 4. 实训车辆——奥迪A6L。 |
|---|---|

安全检查	☐ 1．检查车辆驻车制动器是否被拉起，变速器挡位是否处于空挡。 ☐ 2．在车辆前后放置车轮挡块。 ☐ 3．使用车辆或实训台架前，检查实训车辆及台架周围是否安全。（注①）
防护工作	着装规范如图4-12所示。车身防护如图4-13所示。车内防护如图4-14所示。（注②）    ☐ 图4-12　着装规范　　☐ 图4-13　车身防护　　☐ 图4-14　车内防护
操作流程	一、操作步骤 ☐ 1．清洁发动机舱，如图4-15所示。  ☐ 图4-15　清洁发动机舱 ☐ 2．连接诊断仪，并读取故障码，如图4-16和图4-17所示。（注③）  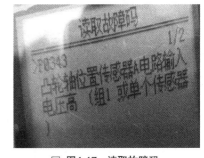 ☐ 图4-16　奥迪诊断界面　　　　☐ 图4-17　读取故障码

注①：使用过程中若有异常或异响，应立即停止当前作业并及时和老师联系，不得擅自处理。

注②：安全防护要到位。

注③：首先用诊断仪检测到发动机控制系统的故障码为 P0343，其含义为"凸轮轴位置传感器 A 电路输入电压高（组 1 或单个传感器）"。

	□ 3．在 ELSA 中利用"电路图"模块，调取凸轮轴位置传感器电路图。
	□ 4．打开电路图后，选择霍尔传感器（凸轮轴位置传感器）电路图，可以通过图中"+"或"−"放大或缩小所需要的电路图。
	□ 5．查询资料，测量凸轮轴位置传感器线路电压，如图 4-18 和图 4-19 所示。A 脚的电压是_____V，C 脚的电压是_____V，B 脚搭铁（是否良好）。（注④）

□ 图4-18　凸轮轴位置传感器　　　　　□ 图4-19　测量凸轮轴位置传感器电压

□ 6．用示波器测量凸轮轴位置传感器信号波形，具体按示波器规范要求操作，探针接入 A 脚，探针需搭铁良好。传感器信号电压波形如图 4-20 所示，图 4-21 所示为正常波形。（注⑤）

操作流程

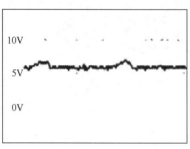 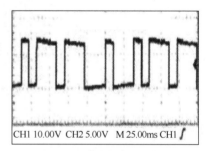

□ 图4-20　传感器信号电压波形　　　　　□ 图4-21　传感器信号正常波形

□ 7．在正确的位置（见图 4-22）更换新的凸轮轴位置传感器（见图 4-23）。

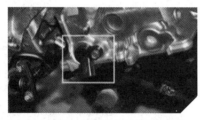 

□ 图4-22　凸轮轴位置传感器位置　　　　　□ 图4-23　新凸轮轴位置传感器

二、注意事项

□ 1．连接诊断仪前先关闭点火开关。

注④：需要学生具有查询资料的能力。

注⑤：经检测传感器信号波形无变化，故障确定为凸轮轴位置传感器损坏。

操作流程	□ 2．测量线束电阻时禁止带电操作。 三、技术要求 □ 1．使用万用表前要选好合适的量程。 □ 2．拆卸凸轮轴位置传感器时关闭点火开关。		
质量验收	□ 起动发动机，检查发动机运行是否正常。	是□ 否□	
	□ 同客户试车确认。	是□ 否□	
	□ 检查仪表是否有报警。	是□ 否□	
	□ 与施工单对照检查项目是否全部完成。	是□ 否□	
	□ 检查工具、设备是否遗漏在车上。	是□ 否□	
检查与评估			
6S 管理规范 （教师点评）	□整理 □整顿 □清扫 □清洁 □素养 □安全		
成绩评定 （学生总结）	小组对本人的评定：□优 □良 □及格 □不及格 学生本次任务成绩：□优 □良 □及格 □不及格		

专业考核评分表——凸轮轴位置传感器的检测

班级：		组别：		组长：		日期：		
技术标准：1. 凸轮轴位置传感器检测操作流程；2. 信号电压标准范围的要求								
序号	作业项目	考核内容		考核标准	分值	扣分	得分	
1	准备环节	正确选用工具		选错 1 次扣 2.5 分	5			
2		正确使用工具		用错 1 次扣 2.5 分	5			
3	传感器检测环节	清洁发动机舱		按照流程规范检测，错 1 次扣 2.5 分	10			
4		连接诊断仪，读取故障码			15			
5		查询并识读凸轮轴位置传感器电路图			15			
6		测量凸轮轴位置传感器线路电压			15			
7		测量凸轮轴位置传感器信号波形			15			
8		更换新的凸轮轴位置传感器			10			
9		项目实训时间		0～13min 10 分 >13～15min 8 分 >15～17min 5 分 >17min 0 分	10			
质检员：		评分员：			合计得分			
教师点评：								
团队合作：优秀☐ 良好☐ 及格☐			分工明确：优秀☐ 良好☐ 及格☐					
专业标准：优秀☐ 良好☐ 及格☐			操作规范：优秀☐ 良好☐ 及格☐					
教师签字：					年 月 日			

注：实训未按规范操作，导致出现设备损坏或人身伤害，本次考核记 0 分。

任务一   冷却系统认知

_____课时

班级：	组别：	姓名：	掌握程度：□优 □良 □及格 □不及格

一、工作任务

1. 了解冷却系统的组成及作用。

2. 掌握奥迪创新热量管理系统的工作原理。

3. 掌握冷却液更换方法和流程。

二、项目认知

1. 冷却系统的认知

（1）作用：_____。

（2）组成：冷却系统由水泵、散热器（俗称水箱）、冷却风扇、_____、冷却液补偿罐、_____、发动机机体和气缸的缸盖中的水套以及其他附加装置等组成。

（3）更换周期：冷却液更换周期一般为_____或_____。

（4）原厂冷却液介绍。

① 冷却液的主要成分。冷却液主要由防冻剂、缓蚀剂、_____、_____、_____、缓冲剂等组成。

② 冷却液中添加剂的含量与防冻温度的关系如表 5-1 所示。

□ 表 5-1   **冷却液中添加剂的含量与防冻温度的关系**

防冻温度	冷却液中添加剂的体积分数	蒸馏水的体积分数
−25℃	约 40%	约 60%
−35℃	约 50%	约 50%
−40℃	约 60%	约 40%

提示：如果更换了散热器，热交换器，气缸的缸盖、缸盖密封件或缸体，就不能再使用已经用过的冷却液。

2. 发动机的创新热量管理系统

（1）查询相关资料，给出创新热量管理系统（ITM）的定义。

_____

_____

（2）奥迪发动机的创新热量管理系统的特点。

第三代 EA888 发动机热量管理系统中集成了旋转阀，它就是传统意义上的_____；而与传统发动机所使用的节温器的最大差异在于，N493 旋转阀组件（见图 5-1）的存在，使温度的调节不再局限于大、小循环（两个甚至多个节温器的开启或关闭，决定冷却液是否流经主散热器，从而提出大、小循环之分，流经主散热器的为大循环，不流经主散热器的为小循环）。

传统的节温器不能精确控制冷却液_____、让冷却液流经哪个部件、流量是多少；集成旋转阀组件的发动机则能根据发动机图谱驱动执行电动机，最终驱动旋转阀对冷却液的流量进行_____控制，使发动机处于最佳_____，无缝连接每个阶段的同时，还能够使热能的利用达到最大化，提高了发动机的燃油经济性。

☐ 图5-1　N493旋转阀组件

（3）创新热量管理系统中两个最重要的部件是：_____和_____。

（4）集成式排气歧管如图5-2所示。排气歧管是完全集成在缸盖上的，并充当了_____的角色。利用_____能量，发动机在热运转中可迅速被加热，此外，也有充足的热量用于汽车供暖，这对于小型发动机在冬季的有效运转来说意义尤其重大。相反，在全负荷状态下，废气可冷却降温_____℃，因此，在高速公路行驶状态下的燃油消耗可降低 2.1L/100km。废气的流动路径在缸盖内集成式排气歧管中得到缩短，在短时间内因气缸壁散热所造成的传热损失能够控制在合理的范围内。

☐ 图5-2　集成式排气歧管

图 5-2 所示的集成式排气歧管的组成：a—_____；b—上部冷却区；c—下部冷却区；d—_____。

EA888 第三代 2.0TSI 发动机，在开创新工艺、新功能的同时，沿袭继承了 EA211 最大的特点，即集成式排气歧管，利用废气能量使发动机在热运转中可以迅速被加热，而其温度控制仍能够处于正常范围；发动机排气歧管的工作温度仅是普通四缸发动机的温度，就在_____～_____℃。

（5）N493 旋转阀组件包含冷却液泵、两个旋转阀、_____、_____、_____、带转向角度传感器的齿轮、发动机温度调节执行器 N493 等。图 5-3 所示为 N493 旋转阀组件内部结构。

（6）旋转阀组件的运行原理。

① 首先电动机通过一个蜗轮蜗杆传动装置来最终驱动旋转阀 1；旋转阀 1 控制冷却液在机油冷却器、发动机和主水冷却器之间流动；旋转阀 2 控制由发动机冷却液泵驱动的冷却液通往缸体的流动通道。

② 在温度控制范围调节模式下，发动机温度调节执行器 N493 根据需要释放的热量多少，将旋转阀 1 置于 0°～85° 的位置：当旋转阀 1 处于 0° 位置时，阀体的开度达到最大，并且完全开启连接主散热器的通道；当旋转阀 1 转过的角度约为 145° 时，旋转阀 2 微微开启，让冷却液流向缸体；在旋转阀 1 转角约为 85° 时再次脱开。此时旋转阀 2 达到了其极限位置（即在旋转阀 1 的角度大约在_____范围内时旋转阀 2 开启），发动机缸体内的冷却液循环管路就完全打开了。

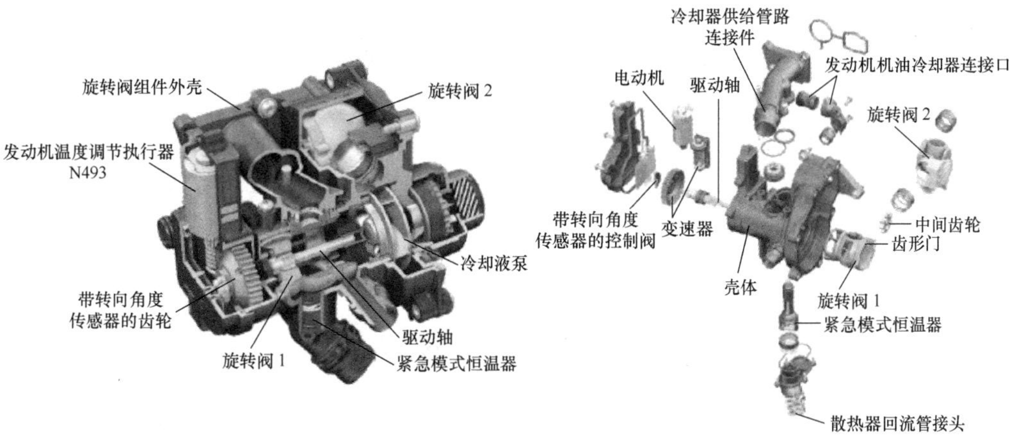

□ 图5-3　N493旋转阀组件内部结构

③ 由于旋转阀是机械运动的，因此必然会受到机械止点的限制（旋转阀 1 能够达到的最大旋转角度为_____）；旋转阀的控制电路板上的_____实时地将旋转阀位置发送至_____。作为执行器的直流电动机通过保存在发动机控制单元的图谱，驱动两个旋转阀旋转到不同的角度，开度的差异决定不同的挡位，以此来加速暖机，最终实现在各个工况下的温度差异，从而将温度控制在最佳（_____℃）。图 5-4 所示为 N493 旋转阀实物。

□ 图5-4　N493旋转阀实物

④ 根据发动机图谱，结合创新热量管理系统的逻辑控制图，从而控制两个旋转阀的开度，实时而又精确地调整冷却液的流向与流量，最终实现温度的智能控制。温度控制的逻辑包含 3 个基本控制范围：_____、_____、_____。

3. 旋转阀逻辑控制图（见图5-5）

（1）暖机范围：_____工况到_____工况无缝过渡。

（2）温度控制范围：部分负荷和_____。

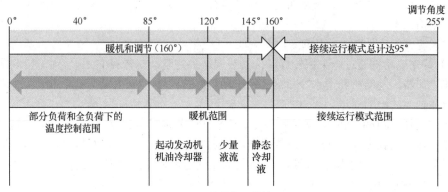

□ 图5-5 旋转阀逻辑控制图

（3）接续运行模式范围：在发动机停机后，为防止冷却液在涡轮增压器和缸盖中沸腾，发动机控制单元通过图 5-5 所示的控制过程启动接续运行功能，运行时间可达_____min，此时发动机温度调节执行器 N493 旋转阀处于_____°的位置，接续运行模式中对冷却程度需求越高，旋转阀打开的角度越大，在旋转阀处于_____°时，接至主水冷却器的回流完全打开，传递的热量最多。

（4）当发动机温度超过_____℃时，紧急模式恒温器会打开通向主水冷却器的_____。如果旋转阀组件发生故障，则 EPC 故障灯点亮，发动机转速限制在_____r/min 以下。发动机温度调节执行器控制板上有转向角度传感器，将旋转阀位置发送给发动机控制单元，作为旋转阀的位置反馈信息。

□ 案例分享 □

• 【故障现象】 •

　　一辆奥迪 ANQ1.8L 轿车，行驶里程为 20000km。该车发生了较为严重的事故，更换了散热器、前保险杠及冷凝器等发动机前部零件。维修人员在维修中发现，缸体上的空调压缩机固定支架螺栓的螺纹孔因撞击发生断裂，且在缸体上部正时齿带张紧轮下方也有裂纹，为此对断裂部位进行了焊接修复。维修完成后交付客户，但客户提车两天后返厂，报修冷却液液位报警，经检查冷却液补偿罐内的液位低于下限约 3cm。维修人员考虑到重新加注冷却液后，冷却系统有可能存在一些气体，在运行过程中排气后，液位可能有所下降，于是对冷却液进行了补充，并进行了查漏，但没有发现冷却系统存在泄漏部位。之后交付客户并建议客户继续观察。但时隔两天，此车因同样的故障再次返厂。

• 【故障诊断】 •

　　1. 仔细检查了散热器、冷却液泵、节温器、暖风装置、冷却液补偿罐及各管道的连接部位，均未发现泄漏迹象，检查机油也没有发现因进水导致油质变化的情况。

　　2. 维修人员更换了散热器及气缸的缸垫。维修完成后，交付客户并建议客户注意观察液位现象，并在冷却液补偿罐的液位位置做好标记以便观察。四天后，客户再次将车辆返厂，并反映此车在野外高速行驶 500km 后冷却液液位明显降低，但在市区内行驶时液位下降不明显。

3. 根据客户反映的情况，维修人员仔细检查，发现气门室罩盖上方有像果冻似的咖啡色物质，怀疑是冷却液与机油的混合物，但检查机油油质未见异常。于是怀疑冷却液本身并没有进入系统，而是冷却液蒸气进入气门室罩盖内，附着在气门室罩上方。

4. 维修人员对于故障的诊断出现了明显的分歧：一种意见认为，气门室罩盖内冷却液残留物是上次更换缸垫时流入发动机油底壳的少量冷却液，在热车状态下蒸发至气门室罩盖形成；另一种意见认为，发动机冷却液道存在微小的（甚至是只在热车时才会出现的）向机油油道的回油孔渗漏的现象，由于回油部分几乎没有压力，所以有少量冷却液进入机油，而机油没有进入冷却系统。

5. 这个故障确实不太容易判定。有迹象表明冷却系统的冷却液进入了机油，但这种现象又不是很明显，而且之前更换了缸垫，确实存在少量冷却液混入机油的可能。

【故障原因】

1. 缸体泄漏：冷却液管道与气缸相通；冷却液管道与机油油道相通；缸体破裂对外泄漏。
2. 发动机温度过高，造成过量的高压蒸气产生而挥发。
3. 管道安装不到位，部分冷却液泄漏。
4. 冷却液泵、散热器等元件破裂造成漏液等。

【故障排除】

1. 维修人员准备使用无损探伤仪来探查可能存在的故障点，但探伤主要用于检查零件表面的裂纹，对于油道孔内的裂纹难以检查。

2. 采用水压试验，只有这种方法能够准确地定性分析故障，为了方便观察缸垫的密封情况，还应将活塞、连杆及曲轴这些与冷却液管道无关又妨碍观察的零件拆掉。之后将缸体和缸盖安装好，再向冷却系统加压至 0.4～0.5MPa 并保持，此时即便是很轻微的渗漏也可以检查出来。

3. 为了模拟发动机的运行温度，还可使用气焊对发动机轻微加热。为了更好地"示踪"，在封闭冷却液管道打压水中掺入了少量的洗衣粉。经仔细观察，终于有气泡冒出，根据冒出的气泡判断，裂纹非常细小，但在内窥镜的帮助下终于发现了裂纹，裂纹位于焊接修复部位内侧的发动机油道的回油孔内。对该裂纹进行适当的修复后，此故障终于得以排除。

【案例总结】

铸铁材料的硬度比较高但比较脆，在对其进行焊接加工时容易因温度剧烈变化引起应力问题。如果温度剧烈变化可能导致裂纹继续扩大。在缸体焊接时，如果焊接后的降温过快，可能出现应力将缸体内部应力点附近结构强度较低的地方"拉裂"或使暗处的原有裂纹延伸。所以对于铸铁零件的焊接工艺要求非常高，稍有不慎就会产生新的裂纹。

此车的故障就是因为焊接应力造成裂纹延伸，甚至产生了新的裂纹造成漏液。此漏液处的管道向上正好通向缸盖，使漏液进入气门室，由于裂纹比较细小，车辆在长时间高温运转后，缸体温度较高，大部分冷却液很可能是以高温蒸气的形式窜回油道，最终凝结在气门室罩盖内侧。虽然渗漏量非常小，但长时间运行也会造成冷却液缓慢地消耗。

任务二　冷却液的检查与更换

_____课时

班级：	组别：	姓名：	掌握程度：□优　□良　□及格　□不及格
实训目的	掌握 VAS6096 冷却系统加注装置的操作步骤及注意事项。			
安全注意事项	注意设备及个人安全，规范操作。			
教学组织	每辆车安排 6 位学员（组长 1 人、主修 1 人、辅修 1 人、观察员 1 人、评分 1 人、质检 1 人）作业，循环操作。			

操作步骤演示

冷却液的检查与更换（一）　　　　冷却液的检查与更换（二）

任务	作业记录内容　☑正确☒错误
前期准备	□ 1. 护具——整车防护 7 件套（车外 3 件套——前保险杠护垫/左翼子板护垫/右翼子板护垫，车内 4 件套——转向盘套/脚垫/座椅套/变速器操作杆套），如图 5-6 和图 5-7 所示。 □ 2. 工具——世达工具（见图 5-8）、VAS6096 冷却系统加注装置（见图 5-9）、冰点检测仪等。 □ 图5-6　车外3件套　　　□ 图5-7　车内4件套　　　□ 图5-8　世达工具 □ 3. 耗材——冷却液、软布，如图 5-10 和图 5-11 所示。 □ 4. 实训车辆——奥迪 A6L。 □ 图5-9　VAS6096冷却系统加注装置　　□ 图5-10　冷却液　　　□ 图5-11　软布

安全检查	□ 1. 检查车辆驻车制动器是否被拉起，变速器是否处于空挡。
	□ 2. 举升车辆前，检查实训台架及周围是否安全。
	□ 3. 举升车辆至高出地面 10～20cm，检查举升机支点位置是否正确。（注①）
防护工作	着装规范如图 5-12 所示。车身防护如图 5-13 所示。车内防护如图 5-14 所示。（注②） □ 图5-12　着装规范　　□ 图5-13　车身防护　　　□ 图5-14　车内防护
操作流程	一、操作步骤 **步骤一　冷却液检查** □ 1. 冷却液液位检查。检查冷却液液面位置，判断冷却液消耗情况。检查结果：液位是否在 MAX 与 MIN 两个刻度线中间，如图 5-15 所示。 □ 2. 冷却液品质检查。 □ 图5-15　冷却液位置 □（1）使用冰点检测仪（见图 5-16）检测冷却液的冰点是否符合要求，如图 5-17 所示。若不符合要求，则需要更换冷却液。 □ 图5-16　冰点检测仪　　　　　□ 图5-17　检测冷却液冰点 □（2）检查冷却液有无浑浊现象和刺激性气味，如有其中一项，就需要更换冷却液。 **步骤二　冷却液更换** □ 1. 冷却液排放作业。 □（1）打开冷却液补偿罐盖。 □（2）使用软布或毛巾盖住冷却液补偿罐加注口。 □（3）检查冷却液补偿罐盖密封性是否良好，检查结果：是否需要更换罐盖。

注①：举升过程中若有异常或异响，应立即停止当前作业并及时和老师联系，不得擅自处理。
注②：安全防护要到位。

	□（4）找到散热器下水管卡箍的位置，拆卸下水管。
	□（5）举升车辆，取下隔音垫。
	□（6）将车间起重机承接盘 VAS6208 置于发动机下。从左下散热器软管排放冷却液。检查密封圈。
	□（7）装好下水管，并进行清洁，降下车辆。
	□ 2．冷却液加注作业。
	□（1）用冷却系统加注装置 VAS6096 向冷却液补偿罐加注至少 8L 混合比正确的冷却液。将冷却系统检测装置的适配接头 VAG1274/8 拧到冷却液补偿罐上，如图 5-18 所示。（注③）
	□（2）将冷却系统加注装置 VAS6096 安装到冷却系统检测装置适配接头 VAG1274/8 上。把排气软管 1 通到集液器 2 中，如图 5-18 所示。（有少量冷却液会随排出的空气一起排出，应该收集这些排出的冷却液。）
	□（3）关闭两个阀门 A 和 B（将拨杆转到垂直于流动方向）。把软管 3 连接到压缩空气上（压力：0.6～1MPa，过压）。
	□（4）打开阀门 B（拨杆指向流动方向），在冷却系统中由引流泵产生一定真空度，压力表的指针必须偏转到绿色区域中，如图 5-19 所示，还要短时打开阀门 A（拨杆指向流动方向），以便从冷却系统加注装置 VAS6096 向软管中加注冷却液。
操作流程	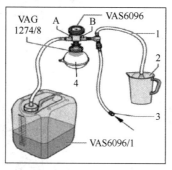 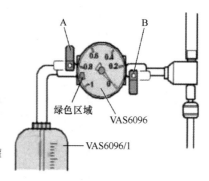 1—排气软管　2—集液器　3—软管　4—冷却液补偿罐 VAS6096/1—加注容器 □ 图5-18　冷却系统加注装置　　　□ 图5-19　加注装置压力表
	□（5）重新关闭阀门 A，让阀门 B 继续保持打开 2min，在冷却系统中又由引流泵产生一定的真空度，压力表的指针必须继续在绿色区域中。
	□（6）关闭阀门 B，压力表的指针仍必须继续停留在绿色区域中，这样冷却系统中的真空度就足够用于随后的冷却液加注。
	□（7）如果指针停在绿色区域之外，重复前面的过程；如果真空度下降，则说明冷却系统泄漏，拔出压缩空气软管，打开阀门 A。冷却系统中的真空度使冷却液从冷却系统加注装置 VAS6096 中抽出，这样就会向冷却系统加注冷却液。

注③：冷却系统加注装置 VAS6096 连接方法要正确（可查阅维修手册）。

操作流程	□（8）从冷却液补偿罐上拆下冷却系统加注装置 VAS6096，将连接管子VAG1274/10 插到冷却系统检测装置适配接头 VAG1274/8 上，如图 5-20 所示。拉出排水槽盖板的橡胶密封条 1，拆下排水槽盖板 2，如图 5-21 所示。

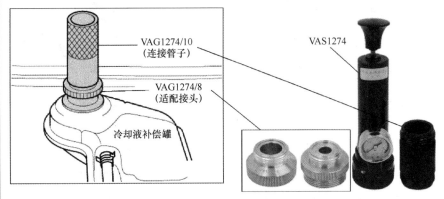

□ 图5-20　连接管子VAG1274/10插到适配接头VAG1274/8上

□（9）拧开冷却液的排气螺栓（图 5-22 中箭头处），加注冷却液，直到从冷却液软管排气孔排出的冷却液无气泡为止，关闭排气螺栓。

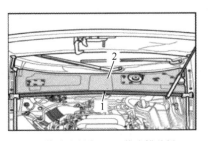

1—橡胶密封条；2—排水槽盖板

□ 图5-21　排水槽盖板和橡胶密封条

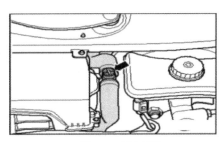

□ 图5-22　排气螺栓

□（10）在带有驻车暖风装置的汽车上将之接通约 30s。旋紧冷却液补偿罐盖。

□（11）起动发动机，将两侧的暖风装置空调器调到 HI（高）挡；让发动机以 2000r/min 的转速旋转 3min；让发动机怠速运转，直到主散热器上的两条大冷却液软管变热。让发动机以 2000r/min 的转速旋转 1min，关闭发动机并让其冷却。

□（12）发动机冷下来后冷却液液位必须处在 MAX 标记处。

□ 3．检查冷却系统的密封性。

□（1）检测条件：发动机已达到工作温度。

① 打开冷却液补偿罐盖，将冷却系统检测装置 VAG1274 用适配接头 VAG1274/8 装到冷却液补偿罐上，如图 5-23 所示。

② 用检测装置（见图 5-24）的手动泵产生约 0.1MPa 的压力。如果压力下降，则查明泄漏部位并排除故障。

操作流程	□ 图5-23　安装冷却系统检测装置 □ 图5-24　检测装置 □（2）检查罐盖中的安全阀。将冷却系统检测装置 VAG1274 通过适配接头 VAG1274/8 装到罐盖上，操纵手动泵。过压为 0.14～0.16MPa 时安全阀必须打开。 **二、注意事项** □ 1．不同种类、不同品牌的长效型冷却液一般情况下不能直接添加水，也不能随便将不同的冷却液混用。 □ 2．安装下水管时需涂抹润滑脂。 □ 3．加注冷却液前一定要排出冷却系统中的空气。 □ 4．冷却液混合比例必须正确。 **三、技术要求** □ 1．冷却液的更换周期为_____或_____万 km（先到为准）。 □ 2．冷却液液位应在_____刻度之间。
质量验收	□ 起动发动机，检查发动机是否抖动。　　　　　　是□　否□ □ 同客户试车确认。　　　　　　　　　　　　　　是□　否□ □ 检查仪表是否有报警。　　　　　　　　　　　　是□　否□ □ 与施工单对照检查项目是否全部完成。　　　　　是□　否□ □ 检查工具、设备是否遗漏在车上。　　　　　　　是□　否□
	检查与评估
6S 管理规范 （教师点评）	□整理　□整顿　□清扫　□清洁　□素养　□安全
成绩评定 （学生总结）	小组对本人的评定：□优　□良　□及格　□不及格 学生本次任务成绩：□优　□良　□及格　□不及格

专业考核评分表——冷却液的检查与更换

班级：		组别：	组长：		日期：		
技术标准：1. 冷却液的检查与更换流程及操作要求；2. 冷却系统各部件的位置							
序号	作业项目	考核内容	考核标准	分值	扣分	得分	
1	准备环节	正确选用工具	选错1次扣1分	5			
2		正确使用工具	用错1次扣1分	5			
3	冷却液检查环节	检查冷却液液位	无法正确判断不得分	5			
4		检测冷却液冰点	无法正确检测不得分，不按要求使用仪器扣5分	8			
5		检查冷却液有无浑浊现象和刺激性气味	无法正确判断不得分	5			
6	冷却液排放环节	打开冷却液补偿罐盖	不用毛巾盖住扣3分	4			
7		拆卸发动机下水管	不按规范操作扣2分	4			
8		举升汽车及安全检查	少1项不得分	5			
9		放出冷却液，规范使用集液器	无法正确操作扣4分，大量溅出冷却液扣4分	8			
10		检查密封圈	忘记不得分	4			
11		装复下水管	不按规范操作扣2分	4			
12	冷却液加注环节	安装冷却系统加注装置VAS6096	忘记不得分	4			
13		关闭加注装置的A、B阀门，接入压缩空气	大量冷却液溅出扣4分，未加注至正确位置扣4分	8			
14		调整好压力表的指示位置	未做到不得分	4			
15		打开冷却液的排气螺栓，加注冷却液	无法正确加注不得分	5			
16	检查密封性环节	将冷却系统检测装置适配接头VAG1274/8装到冷却液补偿罐上	忘记不得分	4			
17		用检测装置的手动泵产生压力检查是否泄漏	未检查不得分	8			
18		项目实训时间	0~16min 10分 >16~18min 8分 >18~20min 5分 >20min 0分	10			
质检员：		评分员：		合计得分			
教师点评：							
团队合作：优秀□ 良好□ 及格□ 　分工明确：优秀□ 良好□ 及格□							
专业标准：优秀□ 良好□ 及格□ 　操作规范：优秀□ 良好□ 及格□							
教师签字：				年　　月　　日			

注：实训未按规范操作，导致出现设备损坏或人身伤害，本次考核记0分。

实训项目六　奥迪发动机燃油供给系统保养

任务一　燃油供给系统认知

_____课时

班级：	组别：	姓名：	掌握程度：□优　□良　□及格　□不及格

一、工作任务

1. 了解燃油供给系统，熟知燃油供给系统的组成及作用。

2. 掌握奥迪发动机双喷射系统结构及原理。

二、项目认知

1. 燃油供给系统概述

（1）作用：燃油供给系统的功用是根据_____的要求使燃油与空气混合形成一定浓度的_____。

（2）组成：燃油供给系统的组成如图6-1所示，其中各部件可分为_____和_____两大部分。

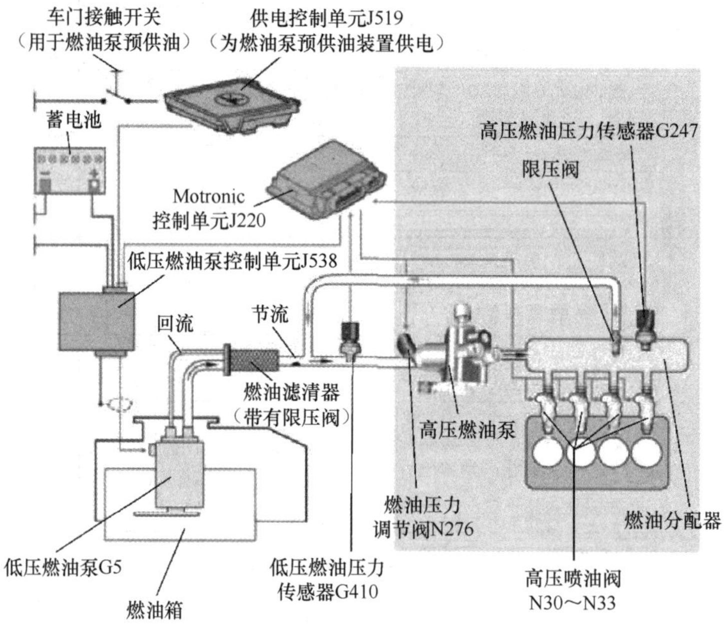

车门接触开关（用于燃油泵预供油）　供电控制单元J519（为燃油泵预供油装置供电）

蓄电池

Motronic控制单元J220

低压燃油泵控制单元J538

回流　节流

燃油滤清器（带有限压阀）

高压燃油泵

低压燃油泵G5

燃油箱

低压燃油压力传感器G410

燃油压力调节阀N276

高压燃油压力传感器G247

限压阀

燃油分配器

高压喷油阀N30～N33

□ 图6-1　燃油供给系统的组成

2. 燃油供给系统的认知

（1）燃油供给系统低压燃油泵的主要组成部件有_____、_____、_____等，如图6-2所示。

（2）低压燃油泵总成（见图6-3）由_____操控，触发指令由_____发出，其形式是_____信号。

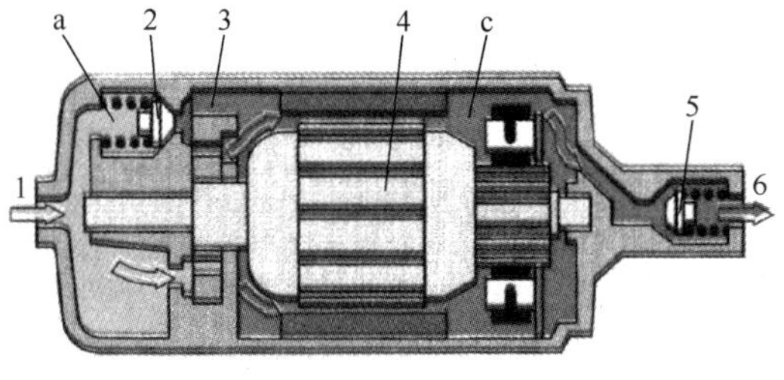

1—进油口 2、5—单向阀 3—转子叶片泵 4—电动机
6—出油口 a—无压力 c—有压力

□ 图6-2 低压燃油泵内部结构

□ 图6-3 低压燃油泵总成

（3）燃油滤清器的功用是_____。燃油滤清器中集成了一个_____，可将油压调节在_____之间。当燃油泵输出油压高时，进入燃油滤清器的燃油将油压调节器的回油阀顶开，通过回油阀回到燃油箱的油量增多，低压系统油压下降；反之，当燃油泵输出油压低时，通过回油阀回到燃油箱的油量减少，低压系统油压上升。燃油滤清器内部结构及实物如图6-4和图6-5所示。

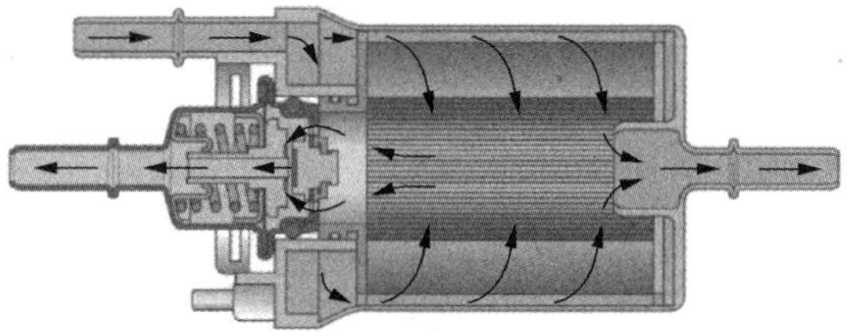

□ 图6-4 燃油滤清器内部结构

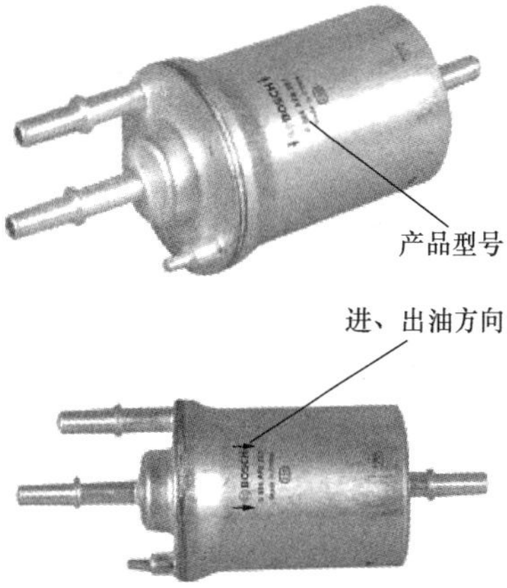

产品型号

进、出油方向

□ 图6-5 燃油滤清器实物

（4）低压燃油泵控制单元安装在低压燃油泵的上面，如图6-6所示。其作用主要是_____，使低压燃油系统的油压根据发动机的具体工况需求控制在3500～7000kPa。

（5）高压系统的主要部件有_____、_____、_____、限压阀和_____，如图6-7所示。

（6）高压燃油泵的功用是_____。高压燃油泵是一个柱塞泵，柱塞泵依靠_____上的一个"方形"凸轮驱动工作，其回油过程（调压过程）、供油过程（提供高油压）和进油过程如图6-8～图6-10所示。图6-11所示为高压燃油泵实物。

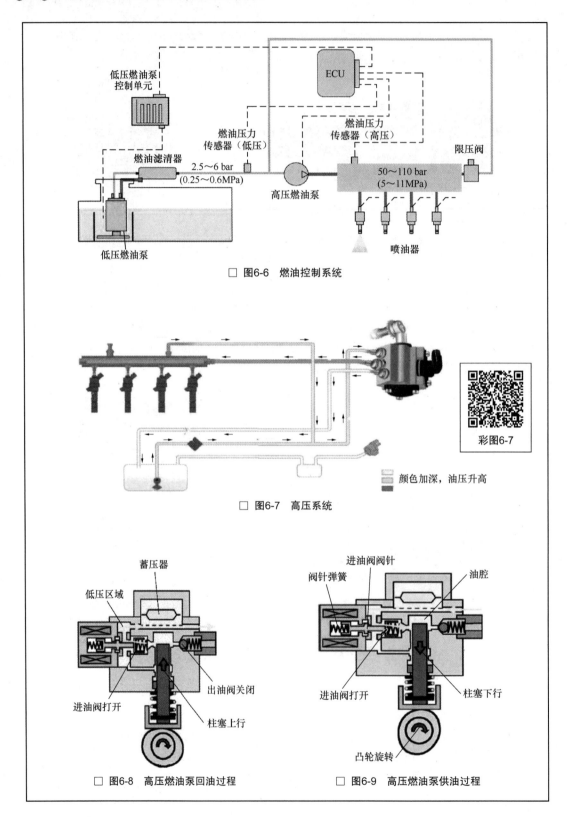

□ 图6-6 燃油控制系统

□ 图6-7 高压系统

颜色加深，油压升高

彩图6-7

□ 图6-8 高压燃油泵回油过程   □ 图6-9 高压燃油泵供油过程

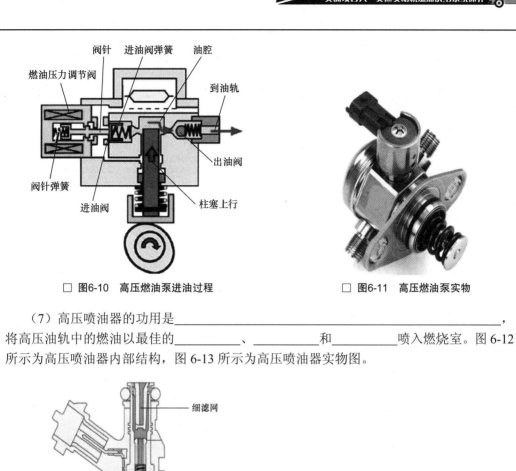

□ 图6-10　高压燃油泵进油过程　　　　　□ 图6-11　高压燃油泵实物

（7）高压喷油器的功用是＿＿＿＿＿＿＿＿＿＿＿＿＿＿＿＿＿＿＿＿＿＿＿＿＿＿，
将高压油轨中的燃油以最佳的＿＿＿＿＿＿、＿＿＿＿＿＿和＿＿＿＿＿＿喷入燃烧室。图 6-12
所示为高压喷油器内部结构，图 6-13 所示为高压喷油器实物图。

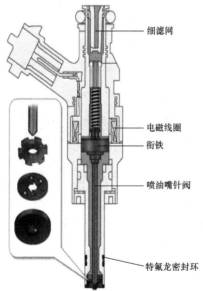

□ 图6-12　高压喷油器内部结构

□ 图6-13　高压喷油器实物

（8）燃油压力传感器（见图 6-14）的功用是＿＿＿＿＿＿＿＿＿＿＿＿＿＿＿＿＿＿。燃油
压力传感器的核心就是一个钢膜片，在钢膜片上镀有应变电阻，高压燃油压力作用到钢膜
片的一侧。当燃油压力变化时，钢膜片发生弯曲变形，引起应变电阻的阻值发生变化，集
成电路将阻值的变化转换成电压信号并传送给 ECU，ECU 根据此电压的变化感知燃油压力
的变化，如图 6-15 所示。

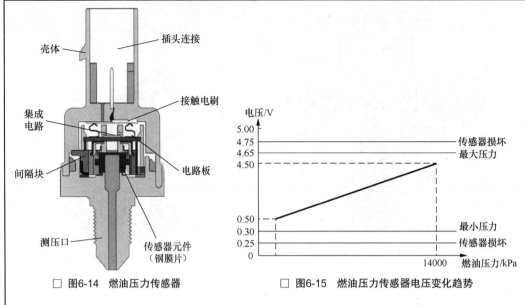

□ 图6-14　燃油压力传感器　　　　□ 图6-15　燃油压力传感器电压变化趋势

3．奥迪发动机双喷射系统

（1）工作原理。奥迪发动机具有双喷射系统（见图6-16～图6-19）。双喷射系统就是每个气缸有两个喷嘴：一个直喷喷嘴（GDI）再加一个气道喷射喷嘴（PFI）。相对于直喷系统，双喷射系统额外增加了一套传统的气道喷射喷嘴。也就是说有两种油气混合方法：第一种方法是使用 TSI（涡轮增压直喷技术）高压喷射系统在气缸内进行直接喷射；第二种方法是使用进气歧管燃油喷射系统（SRE）喷射。进气歧管燃油喷射会显著减少细微碳烟颗粒的排放。

□ 图6-16　双喷射系统整体结构

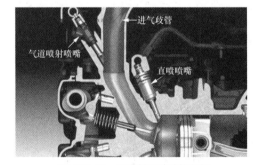

□ 图6-17　双喷射系统结构剖析

① 发动机根据温度、负荷和转速不同在各运行模式之间切换。

② 发动机起动工况：当发动机处于冷态且冷却液温度低于45℃时，每次发动机起动，就在压缩循环中通过高压喷射系统进行三重直喷。

③ 暖机和催化转化器加热工况：在此阶段，在进气和压缩循环中进行双重直喷，点火有一定的延迟，进气歧管翻板关闭。

④ 发动机在部分负荷范围下的运行工况：如果发动机温度高于45℃，并且发动机在部分负荷范围中被驱动，则发动机切换到进气歧管喷射模式。进气歧管翻板在大多数情况下保持关闭。

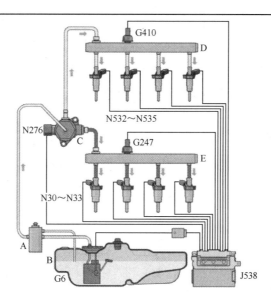

G6—燃油系统增压泵　G247—高压燃油压力传感器　G410—低压燃油压力传感器　J538—低压燃油泵控制单元
N276—燃油压力调节阀　N30~N33—喷油阀1（气缸1~4）　N532~N535—喷油阀2（气缸1~4）
A—燃油滤清器　B—燃油箱　C—高压燃油泵　D—低压油轨　E—高压油轨

□ 图6-18　双喷射系统组成

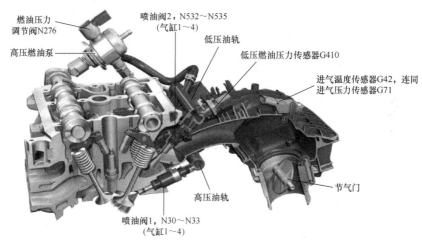

□ 图6-19　EA888发动机双喷射系统结构

⑤ 发动机在低转速全负荷下的运行工况：基于高性能需求，系统切换到高压单喷模式。

⑥ 发动机在高转速全负荷下的运行工况：基于高性能需求，系统切换到高压模式。在进气和压缩循环中进行双重直喷。

（2）紧急运行功能。如果任一喷油系统发生故障，发动机使用另一系统（由发动机控制单元驱动），从而确保车辆仍可继续行驶。组合仪表中的发动机指示灯（红色）亮起。

（3）双喷射系统的优势。

① 在中低负荷工况下采用气道喷射喷嘴通过进气歧管喷射方式可以大幅度地降低颗粒物排放。在中大负荷工况下又可以发挥直喷方式的各种优势。典型的双喷射系统控制策

略：在小负荷时采用进气歧管喷射方式，在大负荷时采用直喷方式，中间负荷时两种喷射方式共同工作。冷机状态和暖机状态时可以采用不同的控制策略（见图 6-20），冷机的时候更多地采用进气歧管喷射方式来降低颗粒物排放。

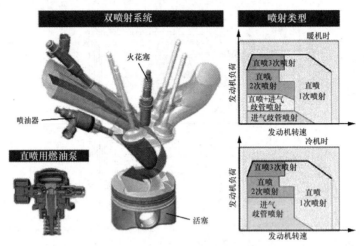

□ 图6-20 双喷射系统控制策略

② 双喷射系统还能降低中小负荷的油耗，在中小负荷采用进气歧管喷射方式的时候，直喷方式不工作，高压燃油泵驱动力变小，这样可以降低摩擦阻力，减少油耗。

③ 由于在中小负荷采用进气歧管喷射方式，气门积炭可以被气道喷射的汽油清洗掉，因此可以解决气门积炭问题。

④ 在冷机状态、小负荷时采用进气歧管喷射方式，可以有效地避免机油稀释。

⑤ 怠速时可以只采用进气歧管喷射方式，高压燃油泵在非常低的油压工作，直喷方式不工作，因此噪声会明显降低。

（4）根据上述资料回答问题。

① 双喷射系统是_____
_____

② 双喷射系统适应三重喷射工作模式的是_____，
原因是_____。

③ 双喷射系统适应双重喷射工作模式的是_____，
原因是_____。

④ 双喷射系统适应只有进气歧管喷射工作模式的是_____，
原因是_____。

⑤ 双喷射系统的缺点是_____。

············□ 案例分享 □············

◆━━━━【故障现象】━━━━◆

一辆 2.0T 奥迪 A6L 轿车已行驶 22 万 km，车主感觉最近这段时间该车动力在慢慢下降，后来严重到出现无法加速及怠速抖动的现象。

━━━━━━━━━━ ●━━━ 【故障诊断】 ━━━● ━━━━━━━━━━

1. 用奥迪诊断仪（带诊断接口 VAS5051）检查得到 5 个故障码——"00135 燃油系统压力低""00819 爆燃监测""01089 蒸发排放流量故障""08801 增压调节机械故障""12555 低压燃油超限"，以上故障码可以清除。

2. 查看怠速数据流——发动机转速 680r/min，冷却液温度 90℃，喷油脉宽 3.0 ms（过大，正常在 0.7ms 左右），进气流量 2.0g/s（一般为 2.4 g/s），节气门开度 1.6%（一般为 2.0%），点火提前角 0°～3°；进气压力 350kPa，空燃比传感器信号电压 2.8V（说明混合气过稀），λ 自学习调节值 23%（混合气需加浓）。从这些数据可看出混合气偏稀。再看两节气门位置传感器，分别显示为 13% 和 87%，两加速踏板位置传感器分别显示 14% 和 7%，都正常。115 组涡轮增压数据也都正常。103 组燃油低压为 5600kPa，正常，但 106 组燃油高压却只有 7000kPa，过低，加速时最高也只能达到 30000kPa（正常怠速油压 50000kPa 左右，加速时可达 110000kPa）。

3. 由此怀疑故障是高压供油不足造成的，此车型采用的是由凸轮轴驱动的单柱塞式高压燃油泵。泵体上装有低压燃油压力传感器 G410 和由发动机控制单元控制的燃油压力调节阀 N276。N276 通电时关闭进行增压，断电时则打开进行泄压。经检测，高压燃油压力传感器 G247 及其线路正常，燃油压力调节阀 N276 及其控制信号也正常（可用试灯检查信号，发动机运转时灯应闪烁）。

4. 现在基本可以确认问题就在高压燃油泵本身。将高压燃油泵从缸盖后部拆卸下来后发现其轴套磨通，柱塞磨短近 10mm，凸轮轴也被磨出很深的凹槽。图 6-21 所示为正常的高压燃油泵，图 6-22 所示为有故障的高压燃油泵。

□ 图6-21　正常的高压燃油泵

□ 图6-22　有故障的高压燃油泵

━━━━━━━━━━ ●━━━ 【故障排除】 ━━━● ━━━━━━━━━━

拆下缸盖将润滑油道仔细清洗干净，并更换机油、机油滤清器、高压燃油泵、凸轮轴后排除故障。

━━━━━━━━━━ ●━━━ 【故障原因】 ━━━● ━━━━━━━━━━

高压燃油泵轴套磨损，柱塞磨短近 10mm，凸轮轴也被磨出很深的凹槽。高压燃油泵柱塞磨短后行程过小，供油不足，致使发动机因混合气过稀而出现了无法加速及怠速抖动的现象。发动机控制单元监测到以上种种异常后就报出了相应的故障码。

━━━━━━━━━━ ●━━━ 【案例总结】 ━━━● ━━━━━━━━━━

对发动机故障需将其原理、实物以及相应的数据流结合起来分析，才可准确地找到故障发生的原因，并采取相应的方法予以排除。

任务二　奥迪燃油滤清器的更换

_____课时

班级：		组别：		姓名：		掌握程度：　□优　□良　□及格　□不及格
实训目的		燃油滤清器更换的操作步骤及注意事项。				
安全注意事项		注意设备及个人安全，规范操作。				
教学组织		每辆车安排6位学员（组长1人、主修1人、辅修1人、观察员1人、评分1人、质检1人）作业，循环操作。				
操作步骤演示		 奥迪燃油滤清器的更换				
任务		作业记录内容　☑正确☒错误				
前期准备		□ 1. 护具——整车防护7件套（车外3件套——前保险杠护垫/左翼子板护垫/右翼子板护垫，车内4件套——转向盘套/脚垫/座椅套/变速器操作杆套），如图6-23和图6-24所示。 □ 2. 工具——油管拆卸钳、世达工具等，如图6-25和图6-26所示。 □ 图6-23　车外3件套　　□ 图6-24　车内4件套　　□ 图6-25　油管拆卸钳 □ 3. 耗材——燃油滤清器（见图6-27）、清洗剂（见图6-28）和软布等。 □ 图6-26　世达工具　　□ 图6-27　燃油滤清器　　□ 图6-28　清洗剂 □ 4. 实训车辆——奥迪A6L。				

安全检查	□ 1．检查车辆驻车制动器是否被拉起，变速器挡位是否处于空挡。 □ 2．举升车辆前，检查实训台架及周围是否安全。 □ 3．举升车辆至高出地面 10～20cm，检查举升机支点位置是否正确。（注①）
防护工作	着装规范如图 6-29 所示。车身防护如图 6-30 所示。车内防护如图 6-31 所示。（注②） □ 图6-29　着装规范　　　□ 图6-30　车身防护　　　　　□ 图6-31　车内防护
操作流程	一、操作步骤 □ 1．起动发动机，对燃油管道实施泄压。 □ 2．查找燃油滤清器的位置。 □（1）有的燃油滤清器装在底盘上、位于车身右后方（即外置式燃油滤清器）。对应的车型有奥迪 A5L、奥迪 A6、奥迪 A6L、奥迪 A8、奥迪 A8L 等。 □（2）也有的燃油滤清器装在油箱内，一般位于座椅下方（即内置式燃油滤清器）。对应的车型有奥迪 A4L、奥迪 Q7 等。 □ 3．装在底盘上、位于车身右后方的燃油滤清器的更换。 □（1）将车开到举升机上，升起到合适位置并锁止。 □（2）将车右后方的小护板拆掉，图 6-32 所示为燃油滤清器安装位置。 □（3）当看到燃油滤清器时，用油管拆卸钳将燃油滤清器上蓝色油管的卡扣松掉（见图 6-33），拆下燃油滤清器。 □ 图6-32　燃油滤清器安装位置　　　　　□ 图6-33　油管卡扣 □（4）安装新的燃油滤清器，注意箭头朝向车前方，如图 6-34 所示。其余零件按照与拆卸的相反顺序安装。 □（5）起动车辆，检测燃油滤清器是否漏油。 □ 4．装在油箱内的燃油滤清器的更换。 □（1）内置式的燃油滤清器的位置（见图 6-35）在第二排座椅下的中间处。先将第二排座椅整体掀起，第一排座椅也要随之往前移动，以增大操作空间，就可见到椭圆形黑色盖板。 □（2）掀开地毯和隔声泡沫隔层，如图 6-36 所示，用软布抹去底座灰尘。

注①：举升车辆时，注意举升过程中有无异常、异响。若有，应立即停止当前作业并及时和老师联系，不得擅自处理。
注②：安全防护要到位。

	卸下几颗螺钉即可见到燃油滤清器总成盖板。

	□ 图6-34　安装新的燃油滤清器　　　□ 图6-35　内置式的燃油滤清器的位置
	□（3）小心拆出电源接线柱，将两条输油管接头拔出，此时会有少量汽油外溢，用软布抹掉。然后用十字螺钉旋具拆下底座的几颗螺钉，用双手左右旋转取出燃油滤清器总成，如图 6-37 所示。
	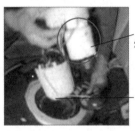
	□ 图6-36　掀开隔声泡沫隔层　　　□ 图6-37　取出燃油滤清器
操作流程	□（4）先拆油量感应浮标，然后拆底座盖及胶垫座，最后拆燃油泵及总成盖板，卸下旧燃油滤清器，用一字螺钉旋具在卡口处逐个撬起，将燃油泵缓缓拉出，并将电源接头处松开，将燃油泵从座内取出。
	□（5）燃油泵底部与滤网连成一体，检查滤网是否过脏，用清洗剂喷洗清除污垢后，滤网可重复使用。
	□（6）分解后拆出燃油滤清器，可见燃油滤清器包含在滤清器座内，滤清器座上集成了燃油泵、油量感应浮标等部件。
	□（7）更换新的燃油滤清器。先将新、旧燃油滤清器进行对比，再将新的燃油滤清器、燃油泵、油量感应浮标按拆卸的相反顺序装回。
	□（8）总成盖板有 3 个定位橡胶孔位，在与油箱紧固时，要将橡胶尖头对准孔位。
	□（9）将燃油泵放入油箱前，检查线束，线束不能有脱落或破裂的情况，安装紧固螺钉和总成盖板，接好输油管和电源接头座，如图 6-38 和图 6-39 所示。

	□ 图6-38　检查燃油泵线束　　　□ 图6-39　安装燃油泵总成

操作流程	□（10）打开点火开关，起动发动机检测燃油滤清器是否漏油。 □（11）装回隔声泡沫隔层、地毯，将座椅复原。 **二、注意事项** □ 1．拆卸燃油泵之前需释放油压。 □ 2．不同车型燃油泵的安装位置不同。 □ 3．更换燃油滤清器时注意安装顺序。 **三、技术要求** □ 1．学会查询不同车型燃油泵的安装位置。 □ 2．更换燃油滤清器时应注意安全，防止汽油泄漏。
质量验收	□ 起动发动机，检查燃油滤清器是否漏油。　　　　是□　否□ □ 与施工单对照检查项目是否全部完成。　　　　是□　否□ □ 检查工具、设备是否遗漏在车上。　　　　　　是□　否□
检查与评估	
6S 管理规范 （教师点评）	□整理　□整顿　□清扫　□清洁　□素养　□安全
成绩评定 （学生总结）	小组对本人的评定：□优　□良　□及格　□不及格 学生本次任务成绩：□优　□良　□及格　□不及格

专业考核评分表——奥迪燃油滤清器（外置式）的更换

班级：		组别：	组长：	日期：		
技术标准：1. 更换燃油滤清器的流程及操作要求；2. 拆装燃油滤清器的工具使用规范及安全要求						
序号	作业项目	考核内容	考核标准	分值	扣分	得分
1	准备环节	正确选用工具	选错 1 次扣 1 分	5		
2		正确使用工具	用错 1 次扣 1 分	5		
3	拆卸环节	起动发动机，对燃油管道实施泄压	无法正确完成泄压操作扣 4 分	10		
4		找到燃油滤清器位置	无法正确找到不得分	8		
5		举升车辆及安全检查	不按安全规范操作扣 4 分	8		
6		拆除燃油滤清器及相关部件	大量漏出汽油扣 5 分	15		
7	安装环节	对比新、旧燃油滤清器是否一致	忘记不得分，无法正确判断扣 3 分	6		
8		安装新燃油滤清器及相关部件	无法安装到位和安装方向不正确扣 10 分	15		
9		起动发动机，测试是否漏油	忘记不得分	8		
10		现场复原	忘记不得分	10		
11		项目实训时间	0～10min　　10 分 >10～12min　　8 分 >12～14min　　5 分 >14min　　　0 分	10		
质检员：		评分员：		合计得分		
教师点评：						
团队合作：优秀□ 良好□ 及格□　　分工明确：优秀□ 良好□ 及格□						
专业标准：优秀□ 良好□ 及格□　　操作规范：优秀□ 良好□ 及格□						
教师签字：　　　　　　　　　　　　　　　　　　年　　月　　日						

注：实训未按规范操作，导致出现设备损坏或人身伤害，本次考核记 0 分。

奥迪发动机润滑系统维护

任务一　机油及机油滤清器认知

_____课时

班级：	组别：	姓名：	掌握程度：□优　□良　□及格　□不及格

一、工作任务

1. 熟知机油（也称润滑油）的作用、等级和分类。

2. 了解机油滤清器的相关知识。

二、项目认知

1. 机油的作用

机油的作用如图 7-1 所示。

（1）活塞和气缸之间、主轴和轴瓦之间均存在着快速的相对滑动，要防止零件过快磨损，则需要在两个滑动表面间建立油膜，从而起到_____的作用。

（2）机油能够将发动机工作面上的热量带回油底壳，再散发至空气中，从而起到_____的作用。

（3）好的机油能够将发动机零件上的碳化物、油泥、磨损金属颗粒通过循环带回油底壳，从而起到_____的作用。

（4）机油可以在活塞环与活塞之间形成一个密封圈，减少气体的泄漏并防止外界的污染物进入，从而起到_____的作用。

（5）机油能吸附在零件表面，防止水、空气、酸性物质及有害气体与零件的接触，从而起到_____的作用。

（6）当发动机气缸口压力急剧上升时，会突然加剧活塞、活塞销、连杆和曲轴轴承上的负荷，而机油可以吸收冲击、减轻振动，从而起到_____的作用。

2. 机油滤清器

（1）机油滤清器的作用是对进入发动机的机油进行_____，避免发动机因一些杂质导致_____。

（2）图 7-2 所示的机油滤清器是用于_____车的。

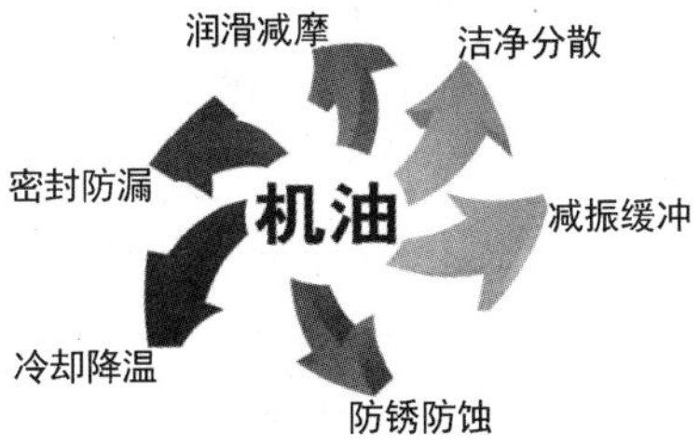

润滑减摩　洁净分散
密封防漏　机油　减振缓冲
冷却降温　防锈防蚀

□ 图7-1　机油的作用

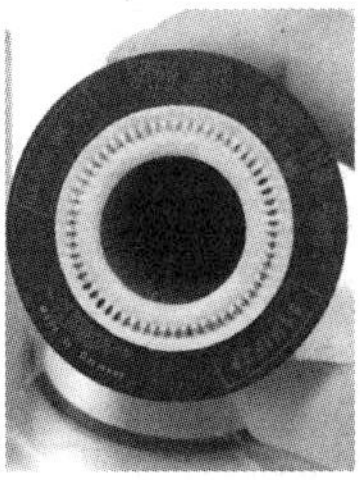

彩图7-2

□ 图7-2　机油滤清器

奥迪车系整车检测实训工单（微课版）

3. 机油型号和类型

（1）发动机机油分为 3 类：_____、_____、全合成机油，它们的性能依次增强。根据 API（美国石油学会）的标准，S 代表_____，C 代表_____；按照英文字母的排列顺序，S、C 后边的字母在字母表（A~Z）中的位置越靠后，产品等级越高，如图 7-3 所示。

（2）机油型号 SN 5W-40 代表什么？

SN 表示_____；5 表示_____；

W 表示_____；40 表示_____。

机油不同黏度等级对应的状态如图 7-4 所示。

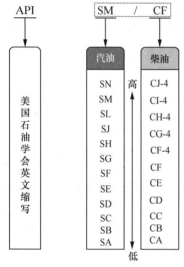

□ 图7-3　机油类型及等级

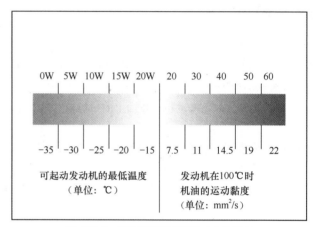

可起动发动机的最低温度（单位：℃）　　发动机在100℃时机油的运动黏度（单位：mm²/s）

□ 图7-4　机油不同黏度等级对应的状态

（3）不同类型的机油对应的质量等级如图 7-5 所示。汽车发动机机油应根据保养周期定期更换，否则会影响汽车性能，图 7-6 所示的现象就是由于不定期更换机油或使用劣质机油导致的。不同类型的机油保养周期如下。

矿物油：_____；半合成机油：_____；

全合成机油：_____。

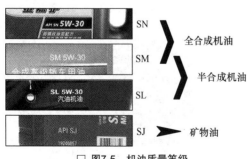

□ 图7-5　机油质量等级

□ 图7-6　不定期更换机油或使用劣质机油现象

□ 案例分享 □

● 【故障现象】 ●

　　一辆 2011 款奥迪 A6L 轿车，配置 2.0T 发动机。行驶里程 98000km。车辆在行驶过程中突然熄火，之后就再也无法起动，客户只好打电话请求救援。

● 【故障诊断】 ●

　　1. 维修人员到达现场后，首先进行故障验证。起动车辆时发现起动机发出"哒哒"的响声，但是发动机并没有运转，用蓄电池线跨接，现象也没有转变，于是初步排除蓄电池的问题。然后维修人员使用扳手去转曲轴，想要检查发动机是否有机械故障，却发现曲轴完全转不动，检查机油发现油位已然过低。由此可见正是机油过少造成的发动机抱轴，但是机油为什么会少呢？

　　2. 询问客户得知此车最近出现漏机油的现象，但是由于客户最近比较忙就没来得及去维修。

● 【故障排除】 ●

　　拆检发动机，对发动机内部磨损的零部件进行更换，漏油的地方换上新的密封垫，装复完工后，车辆恢复正常。

● 【故障原因】 ●

　　出现发动机抱轴现象显然是机油润滑不够造成的，可能引起此类故障的原因有以下几个方面：

　　1. 机油质量有问题；

　　2. 机油泵齿轮严重磨损，机油压力不足；

　　3. 机油道中有异物堵塞；

　　4. 发动机高温。

● 【案例总结】 ●

　　机油对于发动机的作用是非常重要的，如果发动机机油较少，常年不更换机油，或者换油不当，都会导致发动机损伤，甚至报废。所以一定不要忽视机油的重要性，要按时保养、按时检查机油量，才能有效延长发动机的使用寿命。

任务二　机油及机油滤清器的更换

_____课时

班级：	组别：	姓名：	掌握程度：□优　□良　□及格　□不及格
实训目的	掌握机油及机油滤清器更换的操作步骤及注意事项。			
安全注意事项	注意设备及个人安全，规范操作。			
教学组织	每辆车安排6位学员（组长1人、主修1人、辅修1人、观察员1人、评分1人、质检1人）作业，循环操作。			

操作步骤演示	机油及机油滤清器的更换（一）　　　机油及机油滤清器的更换（二）

任务	作业记录内容　☑正确☒错误
前期准备	□ 1. 护具——整车防护7件套（车外3件套——前保险杠护垫/左翼子板护垫/右翼子板护垫，车内4件套——转向盘套/脚垫/座椅套/变速器操作杆套），如图7-7和图7-8所示。 □ 2. 工具——世达工具（见图7-9）、抽油机（见图7-10）、吹枪、油液专用工具等。 □ 图7-7　车外3件套　　□ 图7-8　车内4件套　　□ 图7-9　世达工具 □ 3. 耗材——软布（见图7-11）、清洗剂（见图7-12）、机油、机油滤清器。 □ 图7-10　抽油机　　□ 图7-11　软布　　□ 图7-12　清洗剂 □ 4. 实训车辆——奥迪A6L。

安全检查	□ 1. 检查车辆驻车制动器是否被拉起，变速器挡位是否处于空挡。 □ 2. 在车辆前后放置车轮挡块。 □ 3. 使用实训车辆或台架前，检查实训车辆及台架周围是否安全。（注①）
防护工作	着装规范如图 7-13 所示。车内防护如图 7-14 所示。车辆检测如图 7-15 所示，确保车辆无故障码。（注②）    □ 图7-13 着装规范　　□ 图7-14 车内防护　　□ 图7-15 车辆检测
操作流程	一、操作步骤 □ 1. 打开发动机舱，使用吹枪吹出的高压气体对发动舱进行灰尘清除（见图 7-16），使用软布清除发动机等表面的油污。做好车身防护，如图 7-17 所示。   □ 图7-16 发动机舱清理　　　　□ 图7-17 车身防护 □ 2. 拔掉抽油管防尘帽，并将抽油机的抽油管插入油尺管中，启动抽油机，将机油从油底壳处抽出，如图 7-18 和图 7-19 所示。   □ 图7-18 拔掉抽油管防尘帽　　　　□ 图7-19 抽油 □ 3. 更换机油滤清器。旧机油滤清器如图 7-20 所示，新机油滤清器如图 7-21 所示。 □ 4. 加注机油（见图 7-22），如图 7-23 所示，清洁加油口并起动车辆运行 2min，检查是否有漏油现象。

注①：使用过程中若有异常或异响，应立即停止当前作业并及时和老师联系，不得擅自处理。

注②：安全防护要到位。

□ 图7-20　旧机油滤清器

□ 图7-21　新机油滤清器

□ 图7-22　机油

□ 图7-23　加注新机油

□ 5. 发动机熄火，使用油液专用工具（见图7-24）检查机油液位，如图7-25所示。若低于最低限位，则需补注机油。不同车型油液专用工具上的刻度也是不一样的，2.0T 发动机上刻度在 39 位置，正常液位在 20～24。油位刻度尺如图 7-26 所示，不同车型的油位如图 7-27 所示。

操作流程

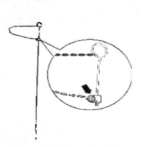

□ 图7-24　油液专用工具

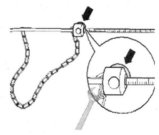

□ 图7-25　机油液位

□ 图7-26　油位刻度尺

Audi 发动机	上部调节环 调整值	下端刻度 最低油位	下端刻度 最高油位
1.8 TFSI	39	0	24
2.0 TFSI	39	0	24
2.5 TDI	123	0	22
2.7 TDI	39	0	16
3.0 TDI	32	0	16
3.0 FSI	102	16	27
3.2 FSI	132	0	13
4.2 FSI	175	0	23
3.0 TFSI	132	0	13

□ 图7-27　不同车型的油位

□ 6. 保养灯复位，按下"CAR"键（见图7-28），并选择"保养和检查"，如图 7-29 所示。

操作流程	 □ 图7-28　"CAR"按键　　　　　□ 图7-29　选择"保养和检查" □ 7. 选择或设置保养周期，并重置机油保养周期。在"保养和检查"界面选择"保养周期"，如图7-30所示。向下转动旋压式按钮到"复位机油更换间隔"，然后按旋压式按钮，即可重置保养周期，如图7-31所示。  □ 图7-30　选择"保养周期"　　　□ 图7-31　重置保养周期 □ 8. 对工作场地实施6S管理。 **二、注意事项** □ 1. 注意机油一定要抽干净。 □ 2. 加机油时注意不要溢出来。 □ 3. 检查机油液位时要将车开到水平面上。 **三、技术要求** □ 1. 检查机油前要预热5min。 □ 2. 安装新的机油滤清器时密封圈上要涂抹机油。
质量验收	□ 起动发动机，检查发动机运行是否正常。　　　是□　否□ □ 同客户试车确认。　　　　　　　　　　　　　是□　否□ □ 检查仪表是否有报警。　　　　　　　　　　　是□　否□ □ 与施工单对照检查项目是否全部完成。　　　　是□　否□ □ 检查工具、设备是否遗漏在车上。　　　　　　是□　否□
检查与评估	
6S管理规范 （教师点评）	□整理　□整顿　□清扫　□清洁　□素养　□安全
成绩评定 （学生总结）	小组对本人的评定：□优　□良　□及格　□不及格 学生本次任务成绩：□优　□良　□及格　□不及格

专业考核评分表——机油及机油滤清器的更换

班级：		组别：		组长：		日期：		
技术标准：1. 机油及机油滤清器更换流程和操作要求；2. 机油更换工具使用规范								
序号	作业项目	考核内容	考核标准	分值	扣分	得分		
1	准备环节	正确选用工具	选错1次扣1分	5				
2		正确使用工具	用错1次扣1分	5				
3	机油及机油滤清器更换环节	清洁发动机舱，做好车身防护	未做车身防护不得分	5				
4		拔掉抽油管防尘帽，将抽油管插入油尺管	漏掉一步操作扣4分	8				
5		启动抽油机抽油	不按要求使用抽油机扣2分	4				
6		拆卸机油滤清器	不按流程操作扣5分	10				
7		安装新机油滤清器	不抹油扣3分，安装后不擦拭油渍扣3分	10				
8		加注新机油，清洁加油口	机油大量溅出扣5分，溢出扣5分	10				
9		运行发动机，检查是否漏油	不按标准操作扣3分	5				
10		补注机油至符合该车液位标准	液位不达标扣2分	6				
11		复位保养灯	不按标准操作扣3分	10				
12		重置保养周期	不会操作不得分	10				
13		实施6S管理	忘记不得分	2				
14		项目实训时间	0～16min　　10分 ＞16～18min　8分 ＞18～20min　5分 ＞20min　　　0分	10				
质检员：		评分员：			合计得分			
教师点评：								
团队合作：优秀□　良好□　及格□　　分工明确：优秀□　良好□　及格□								
专业标准：优秀□　良好□　及格□　　操作规范：优秀□　良好□　及格□								
教师签字：　　　　　　　　　　　　　　　　　　　年　　月　　日								

注：实训未按规范操作，导致出现设备损坏或人身伤害，本次考核记0分。

实训项目八 奥迪专用工具认知及规范使用

_____课时

班级：	组别：	姓名：	掌握程度：□优 □良 □及格 □不及格

一、工作任务

1. 了解奥迪专用工具，熟知奥迪专用工具的作用。

2. 掌握奥迪专用工具的使用方法。

奥迪专用工具
认知

二、项目认知

1. 专用工具概述

（1）定义：专用工具是指专用于某个车型设备的安装、调试、检修、检测的特种工具或设备。专用工具一般是车型设备安装时的随车工具。奥迪专用工具实物示例如图8-1所示。

（2）组成：专用工具通常包括电动工具、液压工具、风动工具、研磨工具、测量工具、试验用具、运输工具等。

（3）分类：汽修类专用工具一般分为发动机维修专用工具、底盘维修专用工具、电器维修专用工具等。

（4）作用：确保车辆维修质量和车辆维修时间。

2. 专用工具作用及使用方法

（1）按照专用工具编号查阅发动机维修资料。部分奥迪专用工具如图8-2～图8-4所示。

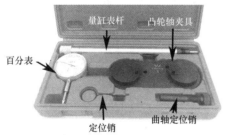

□ 图8-1 奥迪专用工具实物示例

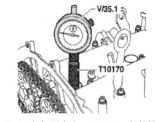

V/35.1—气缸压力表 T10170—气管接头

□ 图8-2 奥迪气缸压力表

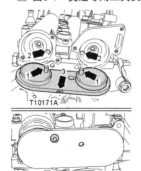

□ 图8-3 奥迪正时工具

注：箭头1所指的定位销必须嵌入箭头2所指的孔中，必须可以从上方看到箭头3所指的标记"TOP"。

□ 图8-4 奥迪正时工具固定在缸盖

注：图中箭头所指为正时工具与凸轮轴安装定位记号。

① 奥迪气缸压力表的作用：_____。

② 奥迪正时工具的作用：_____。

③ 奥迪气门盖工具的作用：_____。

（2）发动机维修正时专用工具使用。

① 奥迪发动机正时专用工具如图 8-5 所示，奥迪发动机正时记号如图 8-6 所示。

使用方法：_____

_____。

☐ 图8-5　奥迪发动机正时专用工具　　　　☐ 图8-6　奥迪发动机正时记号

② 奥迪点火线圈拆卸专用工具及其尺寸如图 8-7 和图 8-8 所示。

使用方法：_____

_____。

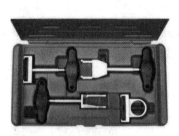

☐ 图8-7　奥迪点火线圈拆卸专用工具　　　☐ 图8-8　奥迪点火线圈拆卸专用工具尺寸

③ 奥迪气缸压力检测专用工具如图 8-9 和图 8-10 所示。

使用方法：_____

_____。

④ 奥迪发动机正时套装专用工具如图 8-11 所示。

使用方法：_____

_____。

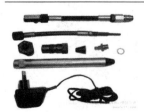

☐ 图8-9　奥迪气缸压力　　　☐ 图8-10　奥迪气缸压力检测　　☐ 图8-11　奥迪发动机正时套装专用工具
　检测专用工具（一）　　　　　专用工具（二）

⑤ 奥迪曲轴油封信号盘正时专用工具如图 8-12 和图 8-13 所示。

使用方法：_____

_____。

⑥ 奥迪凸轮轴密封圈安装工具如图 8-14 所示。

使用方法：_____

_____。

□ 图8-12 奥迪曲轴油封信号
盘正时专用工具（一）   □ 图8-13 奥迪曲轴油封信号
盘正时专用工具（二）   □ 图8-14 奥迪凸轮轴密封圈
安装工具

⑦ 奥迪气门弹簧拆装专用工具如图 8-15 所示。

使用方法：_____

_____。

⑧ 奥迪气门油封专用工具如图 8-16 和图 8-17 所示。

使用方法：_____

_____。

□ 图8-15 奥迪气门弹簧
拆装专用工具   □ 图8-16 奥迪气门油封专用
工具（一）   □ 图8-17 奥迪气门油封专用
工具（二）

⑨ 奥迪平衡轴拆卸工具如图 8-18～图 8-21 所示。

使用方法：_____

_____。

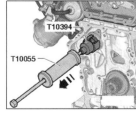
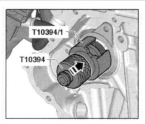

T10394—平衡轴专用拆卸工具 T10055—拉锤   T10394/1—扣爪

□ 图8-18 带拉锤的平衡轴拆卸工具   □ 图8-19 不带拉锤的平衡轴拆卸工具   □ 图8-20 奥迪平衡轴拆卸
工具实物（一）

⑩ 奥迪机油尺专用工具如图8-22和图8-23所示。

使用方法：_____

_____。

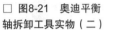
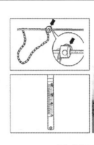

□ 图8-21　奥迪平衡
轴拆卸工具实物（二）

□ 图8-22　奥迪机油尺专用
工具（一）

□ 图8-23　奥迪机油尺专用
工具（二）

⑪ 奥迪0AM 7速变速器离合器拆装专用工具及DSG双离合器拆装专用工具如图8-24～
图8-26所示。

使用方法：_____

_____。

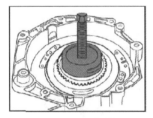
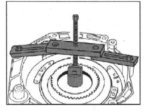

□ 图8-24　离合器拆装
专用工具（一）

□ 图8-25　离合器拆装
专用工具（二）

□ 图8-26　离合器拆装
专用工具（三）

⑫ 奥迪0AW与CVT自动变速器传感器拆装专用工具如图8-27和图8-28所示。

使用方法：_____

_____。

□ 图8-27　奥迪0AW自动变速器
传感器拆装专用工具

□ 图8-28　奥迪CVT自动变速器
传感器拆装专用工具

⑬ 奥迪耦合器扳手、风扇扳手如图8-29和图8-30所示。

使用方法：_____

_____。

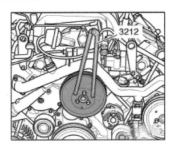

3212—耦合器扳手

□　图8-29　奥迪耦合器扳手的使用

□　图8-30　奥迪风扇扳手

⑭　奥迪制动盘后轮轴承专用工具如图8-31所示。

使用方法：_____

_____。

⑮　奥迪四轮定位工具如图8-32所示。

使用方法：_____

_____。

□　图8-31　奥迪制动盘后轮轴承专用工具

□　图8-32　奥迪四轮定位工具

⑯　奥迪胶扣钳（见图8-33）、卡扣起子、衬板扣门板拆卸工具。

使用方法：_____

_____。

⑰　奥迪冷却液更换专用工具如图8-34所示。奥迪冷却液更换专用工具参数如图8-35所示。

使用方法：_____

_____。

□　图8-33　奥迪胶扣钳

□　图8-34　奥迪冷却液更换专用工具

⑱ 奥迪防尘套球笼卡箍钳专用工具如图 8-36 所示。

使用方法：_____

_____ 。

□ 图8-35　奥迪冷却液更换专用工具参数　　　　□ 图8-36　奥迪防尘套球笼卡箍钳专用工具

⑲ 奥迪拉马专用工具如图 8-37 所示。

使用方法：_____

_____ 。

⑳ 奥迪汽油箱汽油泵盖工具如图 8-38 所示。

使用方法：_____

_____ 。

□ 图8-37　奥迪拉马专用工具　　　　　　　　□ 图8-38　奥迪汽油箱汽油泵盖工具

㉑ 奥迪 VAG 点烟器拆卸工具如图 8-39 所示。

使用方法：_____

_____ 。

㉒ 奥迪空调管卡子拆装工具如图 8-40 所示。

使用方法：_____

_____ 。

□ 图8-39　奥迪VAG点烟器拆卸工具　　　　　□ 图8-40　奥迪空调管卡子拆装工具

㉓ 奥迪调整型横拉杆扳手（见图 8-41）、舵杆扳手专用工具。

使用方法： _____

_____。

㉔ 奥迪喷油器直喷喷嘴拆卸工具如图 8-42 和图 8-43 所示。

使用方法： _____

_____。

□ 图8-41 奥迪调整型
横拉杆扳手

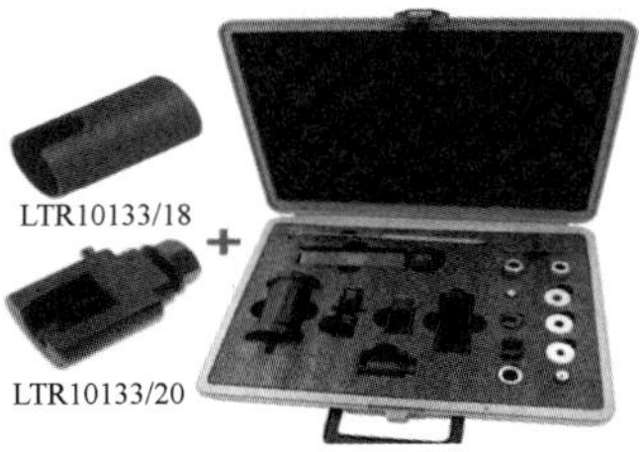

□ 图8-42 奥迪喷油器直喷喷嘴
拆卸工具（一）

□ 图8-43 奥迪喷油器直喷喷嘴
拆卸工具（二）

任务一　奥迪车典型变速器认知

_____ 课时

班级：	组别：	姓名：	掌握程度：□优 □良 □及格 □不及格

一、工作任务

1. 能够对常见的几种奥迪变速器类型有一定的认知，能了解变速器的保养周期。

2. 掌握 DCT 变速器的结构及工作原理。

二、项目认知

1. Multitronic 的认知

（1）Multitronic 是奥迪所采用的_____自动变速器技术的商品名称，也就是大家通常说的_____变速器。

（2）连续可调变速器（Continuous Variable Transmission，CVT）指变速比在动力传输过程中是_____的变速器，实现了_____的连续改变。奥迪 CVT 外观及链条如图 9-1 所示。

（3）组成：奥迪 CVT 由飞轮减振装置、倒挡离合器、行星齿轮系、液压和变速器控制单元、两个带锥面的盘组_____装置和_____装置以及工作于两个锥形链轮组之间 V 形槽内的专用_____组成，如图 9-2 所示。完成图 9-2 中的填空。

飞轮减振装置　倒挡离合器

行星齿轮系　前进挡离合器　液压控制单元　变速器控制单元

□ 图9-1　奥迪CVT外观及链条 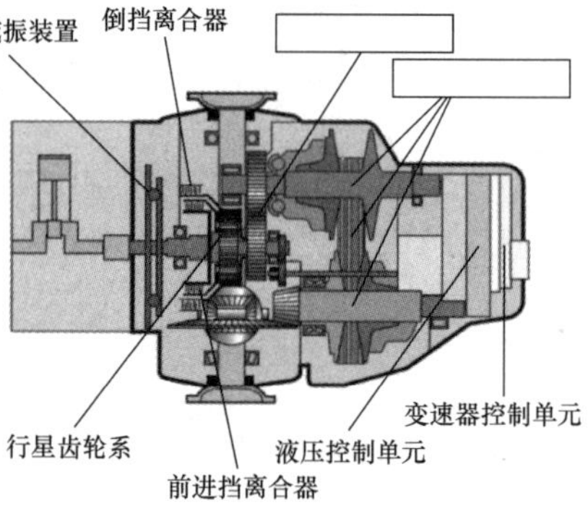　　　□ 图9-2　奥迪CVT结构

（4）工作原理：链轮装置由发动机通过辅助减速挡齿轮驱动，发动机扭矩通过_____（见图 9-3）传递到链轮装置，并由此传给_____，每组链轮装置中的一个链轮可沿轴向移动，调整传动链的跨度尺寸，从而连续地改变_____。

（5）优势：Multitronic 变速器的核心优势是，无级变速时可提供换挡_____，提高驾驶_____。

Multitronic 变速器可以时刻保证发动机处于最合适的转速，同时采用链式传动，刚性连接，能量损耗较小，保证了较好的_____。

（6）不足：Multitronic 变速器结构复杂。如图 9-4 所示，利用油压控制链轮之间的距离（如红色部分，高压油推动锥形链轮相互靠近，夹在两者之间的链条被挤压出来），从而使链轮变大。当锥形链轮后面泄压而相互后撤时，夹在两者之间的链条会向下移动，从而使链轮变小。利用链轮的大小变化可改变动力传递的大小；但链式传动仍不能完全避免_____现象，对传动效率有一定影响，且所能传递的_____仍有限制。

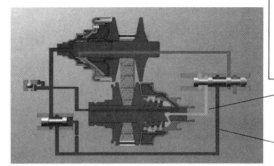

—— 泄压油

—— 高压油

彩图9-4

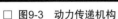

□ 图9-3　动力传递机构　　　　　□ 图9-4　CVT变速器动力流

（7）保养：每隔_____km，除了进行常规保养外，Multitronic 变速器还需要更换自动变速器油（ATF）。

2．S-tronic 的认识

（1）S-tronic 是奥迪所采用的_____自动变速器技术的商品名称。不同的汽车品牌对双离合自动变速器有不同的命名，大众称之为 DSG，保时捷称之为 PDK，宝马称之为 M DCT，福特称之为 Powershift，三菱称之为 Twin Clutch SST。虽然名称各异，内部结构也有所区别，但其基本的工作原理都是相同的。

（2）DCT：把变速器的挡位分成两部分，每一部分由单独的_____来控制，将这两组离合器集成在一起，利用控制模块控制两组离合器交替工作，实现自动换挡。变速器两部分交替工作，换挡动作更快，大大缩短了_____。

（3）组成：S-tronic 变速器有两个分变速器（双离合器可根据需要选择操纵不同挡位），离合器 K1 用于_____挡位；离合器 K2 用于_____挡位和倒挡（以奥迪 A4L 采用的 DL382 变速器为例），如图 9-5 所示。

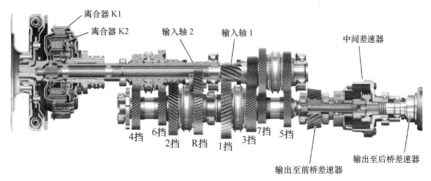

□ 图9-5　DL382变速器

（4）工作原理：在行车过程中，当变速器运作时，一组齿轮被啮合，而接近换挡时，下一组挡段的齿轮已被预选，但离合器仍处于分离状态；当换挡时一组离合器将使用中的齿轮分离，同时另一组离合器啮合已被预选的齿轮。这 4 个动作都是在_____控制和_____作用下同时进行的，因此变速反应极快，在整个换挡期间能确保最少有一组齿轮在输出动力，理论上动力不会出现间断的状况。挂入一个挡位并预选下一个准备接合的挡位，在换挡过程中，第一个离合器的断开时间与第二个离合器的接合时间_____，如图 9-6 和图 9-7 所示。

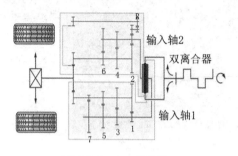

□ 图9-6　DCT原理图

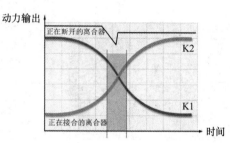

动力切换是通过离合器 K1 和 K2 实现的

□ 图9-7　双离合器工况

（5）优势：S-tronic 变速器的核心优势是，_____的换挡间隙，保证了动力连续输出，提高了换挡效率。该变速器在燃油经济性和_____上都有非常优秀的表现。该变速器拥有 6～7 个挡位，同时由智能型电控液压装置自动控制换挡，使驾驶_____达到较高水平。S-tronic 变速器结构类似于_____变速器，在普及后市场保有量较大，维修成本会较低。

（6）保养：除了进行常规保养外，S-tronic 变速器（以 0B5 变速器为例）需要每隔_____km更换一次自动变速器油（ATF），并同时更换_____。

3．Quattro 的认知

（1）Quattro 是奥迪所采用的_____系统（见图 9-8 和图 9-9）的名称，能够根据路面状况，持续精准地调节前后驱动轴牵引力分配，保证行驶的_____，增强车辆通过能力和主动安全性。

（2）性能特点：采用 Torsen 差速器（见图 9-8），自动调节无须操作，在前轴和后轴之间动态分配_____，使车辆在任何情况下都可以得到最大的_____；与车身电子稳定系统（ESP）绑定，提供最高限度的驾驶乐趣和_____，调节过程线性无冲击，系统免维护，无保养成本。发动机的驱动力分别是向前、向后传动，图 9-9 中两个箭头分别表示传动力的方向和大小（如长箭头表示传动力较大）。

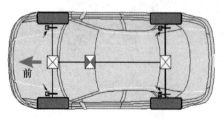

⊠差速器（轮间）　▤Torsen差速器（轴间）

□ 图9-8　全时四驱

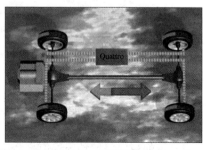

□ 图9-9　全时四驱控制

□ 案例分享 □

●————【故障现象】————●

一辆配备0AW无级自动变速器的2012款奥迪A6L轿车。该车来维修站时没有故障，客户要求做保养，结果更换完ATF，客户将车开走，途中发现仪表显示变速器故障，但行驶正常。

●————【故障诊断】————●

1. 维修人员接车后确认仪表显示变速器故障灯报警，车辆行驶无任何异常。用诊断仪（带诊断接口 VAS6160）诊断，变速器有一条偶发性的故障码"P189100 Tiptronic 开关信号不可信"。查看故障发生的环境条件，故障码刚刚出现，故障频率为 1 次。询问客户得知，之前行驶一切正常，从来没有出现过报警的现象。刚刚只做了更换 ATF 的保养项目，再次回想作业的经过，都是按照标准流程操作的，操作出现什么问题可能和此故障有联系呢？

2. 由于是偶发性故障且频率为1，删除故障码后继续试车，结果还没开出维修站，仪表再次出现变速器报警，中文提示："变速器故障，请到维修站检查！"再次查询故障码，之前的故障码再次出现，分析故障码，应该是变速器控制模块收到了错误的手自一体换挡开关的信号或者信号传输有中断现象。

●————【故障排除】————●

该款变速器插头针脚部位漏油导致变速器报故障码的案例在以前也出现过，综上所述，维修人员决定先看看插头部位，结果拔下插头后有部分水和油的混合物流了出来，线束的插头侧针脚已经有腐蚀氧化发绿的痕迹，处理插头水迹与油污，重新做密封措施。试车，故障排除。

●————【故障原因】————●

1. 造成此故障的可能原因主要有：
（1）手自一体换挡开关供电或搭铁线故障；
（2）手自一体换挡开关本身故障；
（3）手自一体换挡开关到变速器控制模块之间的通信线路存在间歇性故障。

2. 再次分析此故障的出现过程，维修人员突然想起在换 ATF 的时候还特意检查了一下变速器的外观，当时发现变速器端盖线束插头周围有部分油膜粘灰后的痕迹，因为插头部位轻微渗油的现象在此款变速器中较为常见，一般如果没有出现大量的漏油或存在变速器性能故障，维修人员是不做处理的，所以换油的时候没有引起足够的注意，导致维修过程走了不少冤枉路。

●————【案例总结】————●

对变速器电气系统进行故障诊断与排除时需将其电路及实物结合起来分析，才可准确地找到故障发生的原因，并采取相应的方法予以排除。

任务二　自动变速器油的更换

_____课时

班级：		组别：	姓名：	掌握程度：□优 □良 □及格 □不及格		
实训目的		掌握 0AW 变速器更换 ATF 的操作步骤及注意事项。				
安全注意事项		注意设备及个人安全，规范操作。				
教学组织		每辆车安排 6 位学员（组长 1 人、主修 1 人、辅修 1 人、观察员 1 人、评分 1 人、质检 1 人）作业，循环操作。				
操作步骤演示		自动变速器油的更换				
任务		作业记录内容　☑正确☒错误				
前期准备		□ 1. 护具——整车防护 7 件套（车外 3 件套——前保险杠护垫/左翼子板护垫/右翼子板护垫，车内 4 件套——转向盘套/脚垫/座椅套/变速器操作杆套），如图 9-10 和图 9-11 所示。 □ 图9-10　车外3件套　　　□ 图9-11　车内4件套 □ 2. 工具——世达工具（见图 9-12）、ATF 加注装置（见图 9-13）、钩子 3438 等。 □ 3. 耗材——ATF，如图 9-14 所示。 □ 图9-12　世达工具　　□ 图9-13　ATF加注装置　　□ 图9-14　ATF □ 4. 实训车辆——奥迪 A6L。				

安全检查	□ 1．检查车辆驻车制动器是否被拉起，变速器挡位是否处于空挡。 □ 2．举升车辆前，检查实训台架及周围是否安全。 □ 3．举升车辆至高出地面 10～20cm，检查举升机支点位置是否正确。（注①）
防护工作	着装规范如图 9-15 所示。车身防护如图 9-16 所示。车内防护如图 9-17 所示。（注②）    □ 图9-15 着装规范　　□ 图9-16 车身防护　　□ 图9-17 车内防护
操作流程	**一、操作步骤** **步骤一　排放 ATF**（注③） □ 1．拆卸下护板固定螺栓（见图 9-18 中 1～4），取下下护板。 □ 2．拧出 ATF 检查螺塞，如图 9-19 所示，排放 ATF。（注④） 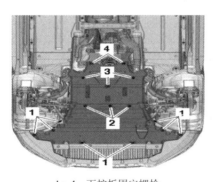 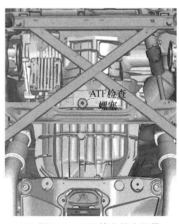 1～4—下护板固定螺栓 □ 图9-18　下护板固定螺栓位置　　□ 图9-19　ATF检查螺塞位置 □ 3．将油位管（见图 9-20 中的 A 处）用钩子 3438 从 ATF 检查螺塞开口拉出，排出剩余的 ATF。 **步骤二　加注 ATF** □ 1．O 形环（见图 9-21）必须正确装入油位管的凹槽中。用手将油位管（见图 9-21 中的 A 处）小心平直地压入 ATF 检查螺塞开口（见图 9-21 中的 B 处）。 □ 2．将适用于"Multitronic 0AW"变速器的 ATF 注入 ATF 加注装置 VAS

注①：举升车辆时，注意举升过程中有无异常、异响。若有，应立即停止当前作业并及时和老师联系，不得擅自处理。
注②：安全防护要到位。
注③：将汽车停在四柱升降台上或装配地沟上，以使其处于绝对水平状态。
注④：如果变速器内 ATF 很少或没有 ATF，则不允许起动发动机。

操作流程	5162，如图 9-22 所示。将加注后的 ATF 加注装置储液罐固定在汽车上尽可能高的地方。（注⑤） 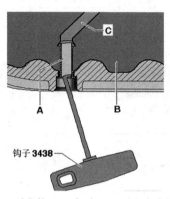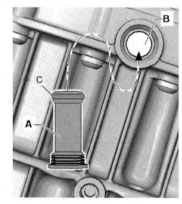 A—油位管　B—机油　C—油位高度管　　　A—油位管　B—ATF检查螺塞开口　C—O形环 □ 图9-20　拉出油位管　　　　　　　　　□ 图9-21　油位管的密封 □ 3. 将 ATF 加注装置 VAS5162 的连接套管不带 O 形环用手拧入 ATF 检查螺塞开口，直至极限位置。 □ 4. 向加注软管方向旋转旋塞阀（见图 9-23）使 ATF 流入变速器，向变速器内加注 5.5～6L ATF，将换挡杆切换到位置"P"。 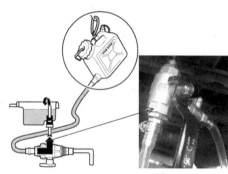 □ 图9-22　加注ATF　　　　　　　　　　□ 图9-23　ATF工具旋塞阀 □ 5. 起动发动机，操纵加速踏板，将发动机转速短时提高到 2500r/min。（注⑥） □ 6. 踩下制动踏板并保持不动，将换挡杆依次切换到位置"P""R""N""D""S"，在怠速转速下每个位置大约放置 2s。最终将选挡杆置于位置"P"，让发动机继续在怠速下运转。 　　步骤三　调整 ATF 油位 □ 1. 将 ATF 加注装置 VAS5162 旋塞阀上的管接头从 ATF 检查螺塞开口内拧下，检查油位。

注⑤：只允许使用从原厂购得的 ATF，其他未经许可的 ATF 会导致功能故障或变速器失灵。

注⑥：必须将发动机转速提高，以便在变速器维修之后给 ATF 泵排气，如果不这样提高转速，ATF 泵会因为短时内无 ATF 而发生损坏。

操作流程	□ 2. 待 ATF 油温达到 35℃，排出多余油至变速器放油口，只有极其少量油滴溢出，如图 9-24 所示。 □ 3. 重新拧紧旧的 ATF 检查螺塞（拧紧力矩：30N·m），如图 9-25 所示。 □ 图9-24　溢出少量的油滴　　　□ 图9-25　拧入检查螺塞 **二、注意事项** □ 1. 注意专用工具的正确使用。 □ 2. 注意废弃 ATF 的正确处理。 □ 3. 注意不同变速器的 ATF 更换方法。 □ 4. 注意更换 ATF 后的清洁。 **三、技术要求** □ 1. 注意 ATF 检查螺塞的安装位置、拧紧力矩应正确。 □ 2. 更换 ATF 时对发动机与变速器挡位的操作应正确。 □ 3. 加注装置 VAS 5162 旋塞阀上的管接头安装应正确。
质量验收	□ 起动发动机，检查发动机是否抖动。　　　　　　是□　否□ □ 同客户试车确认。　　　　　　　　　　　　　　是□　否□ □ 检查仪表是否有报警。　　　　　　　　　　　　是□　否□ □ 与施工单对照检查项目是否全部完成。　　　　　是□　否□ □ 检查工具、设备是否遗漏在车上。　　　　　　　是□　否□
检查与评估	
6S 管理规范 （教师点评）	□整理　□整顿　□清扫　□清洁　□素养　□安全
成绩评定 （学生总结）	小组对本人的评定：□优　□良　□及格　□不及格 学生本次任务成绩：□优　□良　□及格　□不及格

专业考核评分表——自动变速器油的更换

班级：		组别：	组长：	日期：			

技术标准：1. 自动变速器油更换标准及技术要求；2. 自动变速器油检查流程

序号	作业项目	考核内容	考核标准	分值	扣分	得分
1	准备工作	正确选用工具	选错1次扣1分	5		
2		正确使用工具	用错1次扣1分	5		
3	自动变速器油更换	卸下车辆下护板	未拆卸下护板不得分	10		
4		拧出ATF检查螺塞	未拧出不得分	10		
5		排放ATF	排放不干净不得分	10		
6		将油位管压入ATF检查螺塞开口，并连接加注装置	操作不正确及连接错误一处扣5分	10		
7		加注新油	未加注新油不得分	10		
8		起动发动机并怠速运转，挂入变速器的各挡位	更换完成后每个挡位试一遍，漏试一个挡位扣2分	10		
9	检查验收	拆下加注装置的管接头，检查ATF加注量	操作不正确的每处扣5分	10		
10		待温度达到35℃时，排出多余的油	未检查温度是否达到35℃就排油不得分	5		
11		安装ATF检查螺塞	未安装不得分	5		
12		项目实训时间	0～25min　　　10分 >25～35min　　7分 >35min　　　　0分	10		
质检员：		评分员：		合计得分		

教师点评：

团队合作：优秀□ 良好□ 及格□　　分工明确：优秀□ 良好□ 及格□

专业标准：优秀□ 良好□ 及格□　　操作规范：优秀□ 良好□ 及格□

教师签字：　　　　　　　　　　　　　　　　年　　　月　　　日

注：实训未按规范操作，导致出现设备损坏或人身伤害，本次考核记0分。

实训项目十 奥迪悬架系统检查

任务一 奥迪悬架系统认知

_____课时

班级：	组别：	姓名：	掌握程度：□优 □良 □及格 □不及格

一、工作任务

1. 了解悬架的类型，认识悬架系统基本结构。

2. 掌握典型的奥迪 Q3、Q5、A6 及 A7 悬架的结构组成。

二、项目认知

1. 悬架的认知

（1）悬架（俗称悬挂）系统是汽车的_____与_____或车轮之间的一切传力连接装置的总称。其功能是传递作用在车轮和车架之间的力和力矩，并且缓冲由不平路面传给车架或车身的_____，衰减由此引起的振动，以保证汽车_____行驶。

（2）类型：汽车的悬架系统分为_____和_____两种，如图10-1所示。非独立悬架的车轮装在一根整体车轴的两端，当一侧车轮跳动时，另一侧车轮也相应_____，使整个车身振动或倾斜；独立悬架（见图10-2）的车轴分成两段，每只车轮由螺旋弹簧独立安装在车架下面，当一侧车轮发生跳动时，另一侧车轮_____，两侧的车轮可以独立运动，提高了汽车的_____和舒适性。

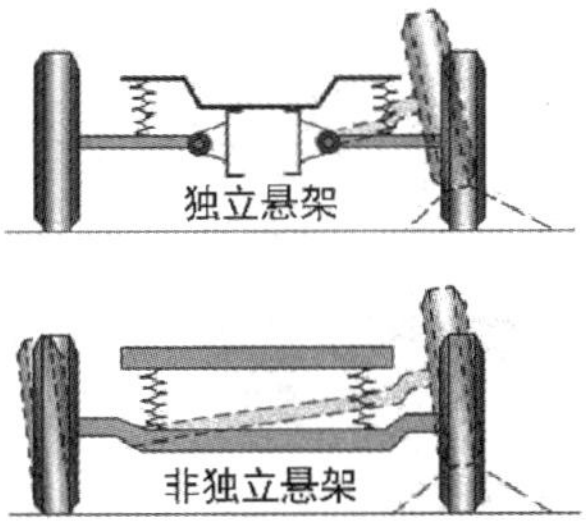

□ 图10-1　独立悬架与非独立悬架结构的区别

□ 图10-2　独立悬架

（3）组成：悬架类型不同，所用部件也会不同，但是最基本的_____、_____、连杆结构都会有。

2. 国产奥迪 Q3 麦弗逊式悬架的认识

（1）组成：麦弗逊式悬架是当今世界广泛使用的轿车前悬架之一。麦弗逊式悬架由_____、_____、横摆臂组成，绝大部分车型还会加上_____，如图10-3（a）、（b）所示。

其主要结构就是螺旋弹簧套在_____上组成的，减振器可以避免螺旋弹簧受力时向前、后、左、右偏移的现象，限制螺旋弹簧只能做上下方向的振动，并可以用减振器的

.89.

行程长短及松紧来设定悬架的_____及性能。

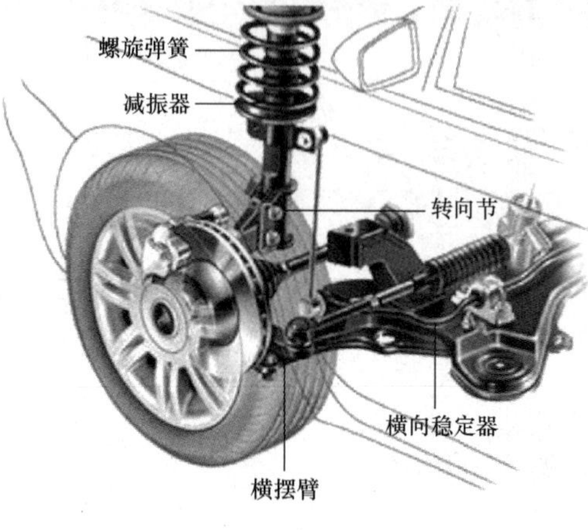

螺旋弹簧

减振器

转向节

横向稳定器

横摆臂

（a）

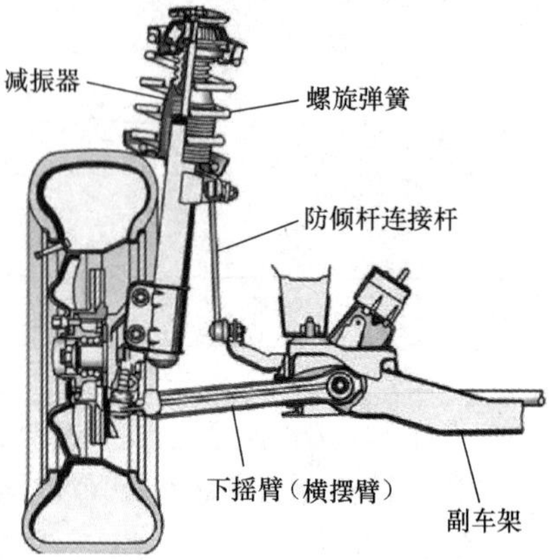

减振器

螺旋弹簧

防倾杆连接杆

下摇臂（横摆臂）

副车架

（b）

□ 图10-3　麦弗逊式悬架

（2）优点：麦弗逊式悬架结构简单，所以它重量轻，响应速度快，并且在一个下摇臂和支柱的几何结构下能自动调整车轮_____，让其能在过弯时自适应路面，使轮胎的接地面积_____。麦弗逊式悬架在行车舒适性上的表现还是令人满意的。

（3）不足：由于其构造为直筒式，因此对左右方向的冲击缺乏阻挡力，抗制动"点头"作用较差，悬架刚度较弱，稳定性差，转弯_____明显。

3．奥迪 A6 双叉臂式悬架的认识

（1）双叉臂式悬架又称双 A 臂式独立悬架，双叉臂式悬架拥有上、下两个_____，横向力由两个叉臂同时吸收，支柱只承载车身重量，因此横向_____。

（2）双叉臂式前悬架（见图 10-4）的上、下两个 A 形叉臂可以精确地定位前轮的各种参数，前轮转弯时，上、下两个叉臂能同时吸收轮胎所受的横向力，加上两叉臂的横向刚度较大，所以转弯的侧倾_____。

上叉臂

摆动轴承

减振弹簧

减振器

下叉臂

□ 图10-4　双叉臂式前悬架

双叉臂式悬架通常采用上下不等长叉臂（上短下长），让车轮在上下运动时能自动改变外倾角并且减小轮距变化，减小轮胎_____，并且能自适应路面，轮胎接地_____大，贴地性好。双叉臂式悬架运动性较出色。

（3）双叉臂式悬架系统如图 10-5 所示。

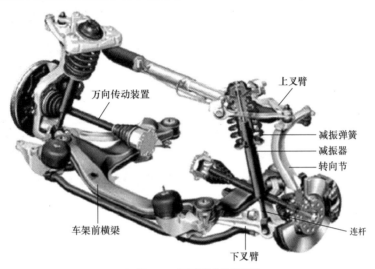

万向传动装置

上叉臂

减振弹簧
减振器
转向节

车架前横梁

连杆

下叉臂

□ 图10-5 双叉臂式悬架系统

双叉臂式悬架系统由上下两根不等长的 A 形叉臂以及支柱式液压减振器构成，通常上叉臂短于下叉臂。上叉臂的一端连接着_____，另一端连接着车身；下叉臂的一端连接着_____，而另一端也连接着车身。上、下叉臂还由一根连杆相连，这根连杆同时也与车轮相连接。在整个悬架构造中，通过对多个支点的连接提高了上、下叉臂以及整个悬架的整体性。

（4）优点：对于定位参数的精确控制，双叉臂式悬架让车轮能够很好地_____，较强的横向刚性又提供了很好的_____，对于车辆的操控性能来说，这种结构的优越性是显而易见的。

（5）不足：相对于麦弗逊式悬架，双叉臂式悬架的结构更_____，占用空间较大，成本_____，因此并不适用于小型车前悬架，此外，定位参数的确定需要精确计算和_____，对于制造商的技术实力要求也比较高。

4. 奥迪 Q5 多连杆式悬架

（1）多连杆式悬架（见图 10-6）是指由 3 根或 3 根以上连杆、拉杆构成的悬架结构，以提供多个方向的控制力，使车轮具有更加可靠的_____。常见的多连杆式悬架有三连杆式悬架、四连杆式悬架、五连杆式悬架等。但由于三连杆结构已不能满足人们对于底盘操控性能的更高追求，因此结构更为精确、定位更加准确的四连杆式悬架和_____悬架才称得上是真正的多连杆式悬架。这两种悬架结构通常应用于前轮和后轮。其中前悬架一般为三连杆式或四连杆式悬架；后悬架则一般为四连杆式或五连杆式悬架。

（2）组成：在结构上以常见的五连杆式后悬架为例，其 5 根连杆分别为：主控制臂、前置定位臂、_____、上臂和_____，它们分别对各个方向产生作用力。

（3）优点：多连杆式悬架不仅可以保证车辆拥有一定的舒适性，而且由于连杆较多，因此可以使车轮和地面尽最大可能保持垂直，尽最大可能减小车身的_____，最大可能维持轮胎的_____。高档轿车由于空间充裕且注重舒适性能和操控稳定性，所以大多使用多连杆式悬架。

（4）不足：多连杆式悬架由于结构_____、成本高、零件多、组装费时，并且要达到非独立悬架的耐用度，始终需要保持连杆_____、不移位，在材料使用和结构优化上也会很考究，所以多连杆式悬架是以追求优异的操控性和行驶舒适性为主要诉求的，而并非适合所有情况。

 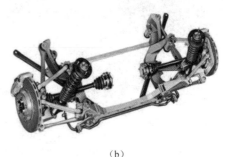

（a）　　　　　　　　　　　　　　　（b）

□ 图10-6　多连杆式悬架

5. 奥迪 A7 空气悬架认知

（1）奥迪 A7 空气悬架（见图 10-7）是一种可调节式的车辆悬架，使用空气悬架很容易实现车身自水平调节。空气悬架底盘高度_____，由减振器、弹性元件（弹簧）、导向机构等构成，用于缓和并抑制不平路面对车体所造成的冲击。

（2）减振器的阻尼力_____，快速吸收不平路面所带来的冲击动能。

（3）优势。

① 舒适性：不论载荷多大，车身固有频率基本保持_____。

② 通过性：通过改变弹簧内的空气压力，可以实现不同的_____，提高车身高度可提高车辆的通过性。

③ 行驶稳定性：不论载荷多大，减振器的衰减度保持恒定，且车身高度也_____。

（4）空气悬架的调节。根据实际驾驶路面状况和舒适性的需要调节悬架高度和减振特性，有 4 种模式可供选择：_____、舒适模式、_____、动态模式（见图 10-8）。通过性、运动性、舒适性达到最优。

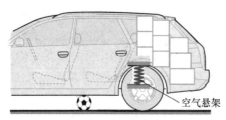

空气悬架

□ 图10-7　奥迪A7空气悬架

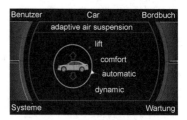

□ 图10-8　空气悬架设置界面

（5）空气悬架的举升模式：若车辆需要举升或使用千斤顶，必须激活_____，如图 10-9 所示。

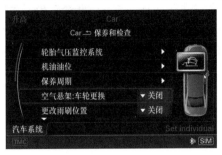

□ 图10-9 设置举升模式

•••••••••••••••••••••••• □ 案例分享 □ ••••••••••••••••••••••••

•———————— 【故障现象】 ————————•

一辆2008款奥迪A8，行驶里程约为10万km，客户反映空气悬架黄色故障灯报警，无法调整车身高度。

•———————— 【故障诊断】 ————————•

1. 第一次到维修站，客户反映车辆停放一晚后，车身前部会降得非常低，维修人员检查后发现左前空气悬架漏气，于是更换左前空气弹簧及减振器，在维修站内观察两天，不存在车身高度降低情况，交车。

2. 客户使用不到1个月后，发现空气悬架有时报警，且无法调整车身高度。再次到维修站，维修人员用诊断仪检测到系统泄漏故障码，无法判定是空气悬架、管路还是电磁阀体的问题。

3. 车身高度偏低，但不影响车辆行驶，仪表上空气悬架黄色故障灯常亮报警，多媒体交互系统（MMI）中空气悬架"高位"选项变灰。

4. 用诊断仪读取故障码，地址码34水平高度控制系统中检测到故障码：

（1）水平高度控制压力传感器-G291（不可信信号；偶发）；

（2）默认设置未学习到（无或错误的基本设置/匹配；静态）；

（3）探测到系统泄漏（tbd；静态）；

（4）由于温度过高而关闭（超出上限；偶发）；

（5）控制切断（tbd；静态）。

•———————— 【故障排除】 ————————•

更换压缩机总成，执行基本设置，车辆恢复正常。

•———————— 【故障原因】 ————————•

1. 由于系统故障码较多，而且这些故障码都会导致空气悬架无法升降，因此决定先做"重新学习调节位置"基本设置，基本设置无法顺利执行。

2. 清除故障码，起动车辆后重新读取地址码34存储的故障：默认设置未学习到（无或错误的基本设置/匹配；静态），探测到系统泄漏（tbd；静态），怀疑是漏气导致空气悬架升不起来。但据客户反映，现在车辆只是报警，并无车身高度下降情况，那会是什么原因造成系统泄漏呢？

3. 进入功能测试，选择给系统排气，先后尝试给前桥、后桥以及蓄压器充气，发现压缩机能够正常运转，但车身并不随着运转升高，怀疑压缩机本身供气压力不足。

4. 读取地址码 34 中数据块，在压缩机运转过程中观察数据变化。

5. 前桥和后桥充气时，通过诊断仪读取地址码 34 中的数据块，观察压力传感器的显示值约为 4000kPa，压缩机最长可接通 60s，在此期间压力几乎不变，只有压缩机温度随着运行会不断升高。

6. 蓄压器充气时，压力传感器显示值约为 8000kPa，同样在压缩机运行期间压力几乎不变，只有温度随着运行不断升高。

7. 由空气悬架的原理可知，空气悬架系统充气时，只打开相应部位的阀，其余阀保持关闭状态，该车前桥、后桥及蓄压器充气时压力都不变，这些部件同时存在漏气可能性几乎为零，可推测故障部件是压缩机。

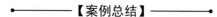

【案例总结】

对于空气悬架故障，需对其原理及实物结合起来分析，才可准确地找到故障发生的原因，并采取相应的方法予以排除。

任务二 后减振器的更换

_____课时

班级:		组别:		姓名:		掌握程度：□优 □良 □及格 □不及格
实训目的	掌握更换后减振器的操作步骤及注意事项。					
安全注意事项	注意设备及个人安全，规范操作。					
教学组织	每辆车安排 6 位学员（组长 1 人、主修 1 人、辅修 1 人、观察员 1 人、评分 1 人、质检 1 人）作业，循环操作。					
操作步骤演示	后减振器的更换					
任务	作业记录内容 ☑正确☒错误					
前期准备	□ 1. 护具——整车防护 7 件套（车外 3 件套——前保险杠护垫/左翼子板护垫/右翼子板护垫，车内 4 件套——转向盘套/脚垫/座椅套/变速器操作杆套），如图 10-10 和图 10-11 所示。 □ 2. 工具——变速器举升装置专用工具 VAG1383A（螺栓安装定位件 T10149）、世达工具等，如图 10-12 和图 10-13 所示。 □ 图10-10 车外3件套 □ 图10-11 车内4件套 （a）VAG1383A　（b）T10149 □ 图10-12 专用工具 □ 3. 耗材——后减振器、清洗剂（见图 10-14）、软布（见图 10-15）等。 □ 4. 实训车辆——奥迪 A6L。 □ 图10-13 世达工具　□ 图10-14 清洗剂　□ 图10-15 软布					

安全检查	□ 1. 检查车辆驻车制动器是否被拉起，变速器挡位是否处于空挡。 □ 2. 举升车辆前，检查实训台架及周围是否安全。 □ 3. 举升车辆至高出地面 10～20cm，检查举升机支点位置是否正确。（注①）
防护工作	着装规范如图 10-16 所示。车身防护如图 10-17 所示。车内防护如图 10-18 所示。（注②）    □ 图10-16　着装规范　　□ 图10-17　车身防护　　□ 图10-18　车内防护
操作流程	一、操作步骤 步骤一　拆卸后减振器 □ 1. 使用奥迪专用工具，拆卸后轮的防盗螺栓。拆下后轮。（注③） □ 2. 拆卸轮罩内板。 □ 3. 将轮毂向上转动，直至一个车轮螺栓孔朝上。将车轮螺栓安装定位件 T10149（见图 10-19）插入发动机和变速器举升装置专用工具 VAG1383 A 中，并将车轮轴承壳体略微升高。 □ 4. 拧出后减振器上端固定螺栓（图 10-20 中箭头所指的位置）。（注④） 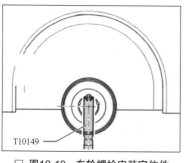 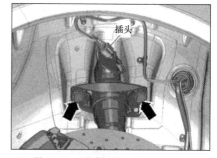 □ 图10-19　车轮螺栓安装定位件　　□ 图10-20　后减振器上端固定螺栓位置 □ 5. 如果要更换后减振器，则松开卡止凸耳（见图 10-21），并取下防石击保护板（见图 10-22）。 □ 6. 拧出减振器固定螺栓（图 10-23 中箭头所指），取下车轮轴承壳体与减振器之间的垫圈。 □ 7. 将减振器尽量压到一起，然后向上抽出。

注①：举升车辆时，注意举升过程中有无异常、异响。若有，应立即停止当前作业并及时和老师联系，不得擅自处理。
注②：安全防护要到位。
注③：轮胎防盗螺栓需用专用工具拆装，不得暴力操作。
注④：若涉及电子减振控制系统车辆，则应脱开图 10-20 中的插头。

卡止凸耳　　　　　　　　卡止凸耳

□ 图10-21　卡止凸耳

防石击保护板

□ 图10-22　防石击保护板

步骤二　检查后减振器

□ 1．检查后减振器防尘罩是否破损或开裂，如果是需更换。

□ 2．检查后减振器是否漏油，如出现漏油需更换。

□ 3．拉动和压缩后减振器上下部分，若是压缩轻松、拉动困难则正常，否则需要更换。

□ 4．新、旧减振器对比如图 10-24 所示。

操作流程

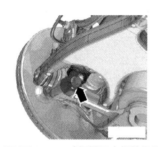

□ 图10-23　减振器固定螺栓位置

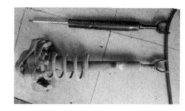

□ 图10-24　新、旧减振器对比

步骤三　安装后减振器

□ 1．安装后减振器，以拆卸倒序进行操作。

□ 2．安装轮罩内板。

□ 3．安装后轮胎。

□ 4．实施 6S 管理，恢复实训场地。

二、注意事项

□ 1．注意专用工具的正确使用。

□ 2．注意安装减振器前的清洁。

三、技术要求

□ 1．后减振器螺栓的安装位置、力矩应正确。

□ 2．安装减振器时应做好自身的防护。

质量验收		
□ 路试车辆，检查行车是否异常。	是□	否□
□ 同客户试车确认。	是□	否□
□ 检查仪表是否有报警。	是□	否□
□ 与施工单对照检查项目是否全部完成。	是□	否□
□ 检查工具、设备是否遗漏在车上。	是□	否□

检查与评估	
6S 管理规范 （教师点评）	□整理　□整顿　□清扫　□清洁　□素养　□安全
成绩评定 （学生总结）	小组对本人的评定：□优　□良　□及格　□不及格 学生本次任务成绩：□优　□良　□及格　□不及格

专业考核评分表——后减振器的更换

班级：		组别：		组长：	日期：		
技术标准：减振器拆装流程及要求							
序号	作业项目	考核内容	考核标准	分值	扣分	得分	
1	准备环节	正确选用工具	选错1次扣1分	10			
2		正确使用工具	用错1次扣1分	10			
3	拆卸环节	拆下后轮防盗螺栓及后轮	按照流程规范拆卸，错1次扣5分	10			
4		拆卸轮罩内板					
5		拆卸后减振器上端固定螺栓	按照流程规范拆卸，错1次扣7分	25			
6		松开卡止凸耳，并取下防石击保护板					
7	检查环节	检查防尘罩外观及减振器是否漏油，并对比新、旧减振器	漏检查1项扣5分	15			
8	安装环节	安装减振器	按照后拆先装顺序，错1次扣5分	20			
9		安装轮罩内板、后轮及后轮防盗螺栓					
10		实施6S管理，恢复实训场地					
11		项目实训时间	0～10min　　　10分 ＞10～13min　　8分 ＞13～16min　　5分 ＞16min　　　　0分	10			
质检员：		评分员：			合计得分		
教师点评：							
团队合作：优秀□　良好□　及格□　　　分工明确：优秀□　良好□　及格□							
专业标准：优秀□　良好□　及格□　　　操作规范：优秀□　良好□　及格□							
教师签字：　　　　　　　　　　　　　　　　　　　　年　　　月　　　日							

注：实训未按规范操作，导致出现设备损坏或人身伤害，本次考核记0分。

实训项目十一 奥迪制动系统保养

任务一 制动系统认知

_____课时

班级：	组别：	姓名：	掌握程度：□优 □良 □及格 □不及格

一、工作任务

1. 了解制动系统的基础知识。

2. 熟知制动器的组成及原理。

二、项目认知

1. 制动系统的基础知识

（1）制动系统是指使汽车的_____可以强制降低，保证汽车安全行驶，提高汽车的平均行驶速度，以提高运输生产率，在各种汽车上都设有的一系列专门装置，如盘式制动器、鼓式制动器、EPB 等。

（2）作用：保证汽车行驶中能按驾驶员要求_____，保证车辆可靠_____，保障驾乘人员和汽车的安全。

2. 盘式制动器

（1）组成：盘式制动器又称为碟式制动器，顾名思义是取其形状而得名。它由液压控制，主要零部件有_____等，如图 11-1 所示。

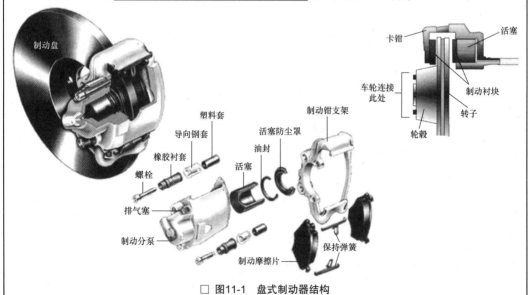

□ 图11-1 盘式制动器结构

（2）原理：制动盘用合金钢制造并固定在车轮上，随车轮转动。制动钳上的两个制动摩擦片分别装在制动盘的_____。制动分泵的活塞受油管输送来的_____作用，推动制动摩擦片压向制动盘发生摩擦制动，动作起来就好像用钳子钳住旋转中的盘子，迫使它停下来一样。

（3）优势：这种制动器散热_____，重量轻，构造简单，调整方便，特别是高负载时耐高温性能好，制动效果稳定，而且不怕泥水侵袭，在冬季和恶劣路况下行车时，盘式制动器比鼓式制动器能更_____在较短的时间内令车停下。

3．鼓式制动器

（1）组成：鼓式制动器一般用于后轮的制动。典型的鼓式制动器主要由底板、制动毂、_____、_____、制动轮缸（制动分泵）、定位弹簧、回位弹簧、定位销等零部件组成，如图11-2所示。

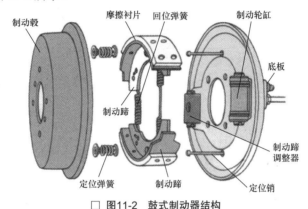

□ **图11-2 鼓式制动器结构**

（2）原理：底板安装在车轴的固定位置上，它是固定不动的，上面装有制动蹄、制动轮缸、回位弹簧、定位销，承受制动时的旋转扭力。每一个制动毂有一对_____，制动蹄上有摩擦衬片。制动毂则是安装在_____上，随车轮一起旋转的部件，它是由具有一定分量的_____做成的，形状似圆鼓。当制动时，制动轮缸活塞推动制动蹄压迫_____，制动毂受到摩擦减速，迫使车轮停止转动。

4．EPB

（1）EPB简介。

① EPB即Electrical Parking Break，意为_____，如图11-3所示。

□ **图11-3 EPB**

② 驻车制动：EPB可代替传统驻车制动器，在车辆驻车时提供制动力，防止车辆_____。

③ 动态紧急制动：在行车制动失灵时，可进行紧急_____。

EPB开关和EPB自动挡开关如图11-4和图11-5所示。

□ 图11-4　EPB开关

□ 图11-5　EPB自动挡开关

（2）工作原理：EPB由一个_____驱动斜轴轮盘式齿轮减速机构，并通过螺杆将电动机的圆周运动转换为制动活塞的_____运动，将制动摩擦片压紧在制动盘上提供制动力。

（3）起步辅助功能。

① 在起动车辆时，EPB可自动计算发动机扭矩和坡道倾角，在合适时机_____制动，简化起动车辆的操作，防止_____。

② 起步辅助功能生效的必要条件：驾驶员车门_____，驾驶员安全带_____，发动机起动，ESP和EPB无故障。起步辅助功能不仅保证了行车安全，而且提供了相当便利的驾驶体验。

（4）紧急制动功能。

① 当车辆速度高于8km/h时，拉起电子驻车按钮，即实现了紧急制动功能，如图11-6所示。由ESP泵提供的液压制动力对全部4个车轮实施_____，效果类似于最大制动。

□ 图11-6　紧急制动功能

② 当车辆速度低于8km/h时，拉起电子驻车按钮，则由电子驻车制动器提供制动力，对_____轮进行制动，效果类似于拉起手制动，抱死后轮。

□ 案例分享 □

——【故障现象】——

一辆行驶里程约17万km的2006款奥迪A6L（C6）轿车。该车在其他维修站更换后制动摩擦片时，误操作按了驻车制动按钮，使得后制动分泵活塞在电动机的作用下脱离制动分泵。

——【故障诊断】——

1. 首先检查情况，发现左后制动分泵的活塞已经被顶出来，而且漏油了。右后制动分泵被工具顶着，电动机已经到制动位置，且线路有故障，已经断掉一条线。把诊断仪连在车上，进入"53驻车制动系统"，有J540控制模块故障码，且删不掉。开始维修，断开电动机插头，找来两根电线和两个插片，将插片接进电动机的插头，用蓄电池直接驱动电动机，找到电动机的复位方向后，一边复位一边把活塞往里顶直到活塞全部缩回制动分泵里，装好制动摩擦片后将车开回厂里检查。

2. 行驶过程中仪表提示驻车制动器故障，驻车制动灯常亮，驻车制动按钮常亮。用诊断仪读取故障码，有左、右侧驻车制动器电动机供电电压故障码和 J540 控制系统故障码，删除故障码后有 04233 右侧驻车制动器电动机供电电压电路电气故障码（静态），且删不掉。

在举升机上操作电子驻车制动器也只有左侧的电动机会动作，右侧没有反应。将右侧的线路修复，用试灯测量两个插脚，没有电压输出。查阅资料，得知驻车制动器电动机由两个熔丝分别进行供电保护，检查位于行李箱右侧的两个 30A 熔丝，都没有问题。检查控制单元线路到插头断裂处，中间没有断路。这时故障集中在 J540 驻车控制单元。检查外部的供电和搭铁线路，都没问题。

3. 分解 J540，仔细检查线路板上的各零件，并打开继电器外壳，该车采用两个小型继电器装在一个小盒子里的组装形式，两个 5 脚继电器来控制电动机的正反向供电，测量 4 个继电器的线圈阻值都是约 1960Ω，线圈没有问题。检查继电器的触点也没有烧蚀，顺着线找到控制芯片也没有脱焊和烧蚀的现象，初步判断控制单元内部正常，可基本排除损坏的可能性。

●━━━━━【故障排除】━━━━━●

按照常规的排除方法，在检修了几个相关的零部件后，最后一个零件就应该重点检查了。而现在的检查结果让人费解。将控制单元组装好后，从汽车下面直接用电线接在右侧制动分泵的电动机线上，通过蓄电池直接将右侧制动分泵制动，再插上 J540，通过驻车制动按钮来控制驻车制动。清除故障码，发现故障码还是清不掉，为静态。通过以上的动作，并没有排除故障。维修人员决定再做一次更换制动摩擦片的操作试试。于是进行基本设置。打开诊断仪，选择车型（包括生产日期），进入功能选择界面，选择"07-基本设置"，再选择"06-制动片的复位"，待听到制动电动机工作声音后，再次检查故障码，发现变为间歇了，清除故障码，可以清除。仪表也不再提示驻车制动器故障，只有仪表上 P 灯和驻车制动按钮在闪。这时踩下制动踏板，多次拉起和放下电子驻车制动器，经过几次动作，P 灯熄灭，电控系统无故障码，故障排除。

●━━━━━【故障原因】━━━━━●

之所以出现右侧的故障，是因为在更换制动摩擦片时，用制动分泵复位工具顶着右侧制动分泵的活塞，此时左侧的制动分泵已拆下悬空放置，想和普通的制动一样往里顶，这时刚好按到了驻车制动按钮（钥匙开开状态），左侧的电动机工作，把活塞顶出来了，而右侧的活塞有工具顶住了，不能动作。经过对控制单元内部比较，维修人员发现两边的步骤不一致，便以为是内部有故障。而右侧电动机线路在线路维修时应该已彻底断开，维修的线路又没有接好，在移车过程中出现故障。

●━━━━━【案例总结】━━━━━●

在维修工艺方面，应尽量采用维修手册上的方法，按正确的步骤开展工作。面对故障要充分利用检测设备。对电气故障，需对其电路及实物结合起来分析，才可准确地找到故障发生的原因，并采取相应的方法予以排除。

任务二　后轮制动摩擦片的更换

_____课时

班级：		组别：		姓名：		掌握程度：□优　□良　□及格　□不及格
实训目的	掌握后轮制动摩擦片（俗称制动片）更换的操作步骤及注意事项。					
安全注意事项	注意设备及个人安全，规范操作。					
教学组织	每辆车安排6位学员（组长1人、主修1人、辅修1人、观察员1人、评分1人、质检1人）作业，循环操作。					
操作步骤演示	[二维码] 后轮制动摩擦片的更换					
任务	作业记录内容　☑正确☒错误					
前期准备	□ 1. 护具——整车防护7件套（车外3件套——前保险杠护垫/左翼子板护垫/右翼子板护垫，车内4件套——转向盘套/脚垫/座椅套/变速器操作杆套），如图11-7和图11-8所示。 □ 图11-7　车外3件套　　　　　□ 图11-8　车内4件套 □ 2. 工具——活塞复位专用工具（T10145）、世达工具（见图11-9）、奥迪诊断仪（见图11-10）等。 □ 3. 耗材——制动摩擦片（见图11-11）、锂基脂等。 □ 图11-9　世达工具　　　□ 图11-10　奥迪诊断仪　　　□ 图11-11　制动摩擦片 □ 4. 实训车辆——奥迪A6L。					

安全检查	□ 1．检查车辆驻车制动器是否被拉起，变速器挡位是否处于空挡。 □ 2．举升车辆前，检查实训台架及周围是否安全。 □ 3．举升车辆至高出地面10～20cm，检查举升机支点位置是否正确。（注①）
防护工作	着装规范如图11-12所示。车身防护如图11-13所示。车内防护如图11-14所示。（注②）    □ 图11-12　着装规范　　□ 图11-13　车身防护　　□ 图11-14　车内防护
操作流程	一、操作步骤 **步骤一　拆卸后轮制动摩擦片** □ 1．拆卸后轮。（注③） □ 2．在点火开关已关闭时，将车辆诊断仪连接在汽车诊断接口上（见图11-15），打开点火开关，输入车辆识别号（VIN）后，选择引导功能，松开后电子驻车制动器。 □ 3．将后电子驻车制动器（EPB）的连接导线从支架中推出。露出支架 1 上的制动软管 2 和电导线束 3，如图11-16所示。  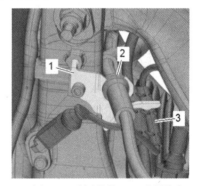 　　　　　　　　　　　　　　　　　1—支架　2—制动软管　3—电导线束 □ 图11-15　诊断仪连接　　　　　□ 图11-16　推出连接导线 □ 4．脱开制动摩擦片磨损传感器的电插头 1，将制动摩擦片磨损传感器电插头 2 从支架中解锁（见图11-17中的箭头 B），同时转动90°（见图11-17中的箭头 A），将防尘罩 3 从排气螺栓上拔下，然后露出电导线。（注④）

注①：举升车辆时，注意举升过程中有无异常、异响。若有，应立即停止当前作业并及时和老师联系，不得擅自处理。
注②：安全防护要到位。
注③：应注意防盗螺栓的正确拆卸，不得暴力操作。
注④：应注意线束插头的正确插拔方法。

□ 5．拧出制动钳的固定螺栓，如图 11-18 中箭头所示，卡住导向销 1 和 2。取下制动钳，同时将制动摩擦片磨损传感器电导线引出。

□ 6．用合适的钢丝将制动钳挂在车身上，取下制动摩擦片。（注⑤）

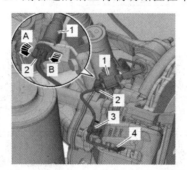

1、2—电插头　3—固定夹　4—防尘罩

□ 图11-17　拆卸电插头及防尘罩

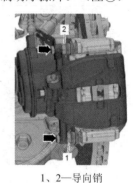

1、2—导向销

□ 图11-18　制动钳的固定螺栓位置

步骤二　安装后轮制动摩擦片

□ 1．用活塞复位专用工具 T10145 将活塞完全压回，如图 11-19 所示。

□ 2．清洁制动器支架上的制动摩擦片止动弹簧接触面（见图 11-20 中的箭头所指），然后涂一层薄薄的锂基脂。

操作流程

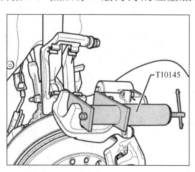

□ 图11-19　活塞复位专用工具

□ 图11-20　止动弹簧接触面

□ 3．装入制动摩擦片止动弹簧，同时注意安装位置，如图 11-21 中箭头所示。将制动摩擦片装入制动器支架。

□ 4．拧紧制动钳的新螺栓，卡住导向销 1 和 2（见图 11-18）。

□ 5．将图 11-16 所示的制动软管 2 和电导线束 3 固定在支架 1 中。（注⑥）

□ 6．安装新制动摩擦片时，将制动摩擦片磨损传感器（见图 11-22）触点 1 装入内部制动摩擦片，直至卡止。

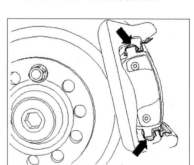

□ 图11-21　止动弹簧位置

注⑤：不要将制动钳挂在制动软管上，其重量不得由制动软管承受。

注⑥：制动软管不得在任何位置卡住、折弯、扭转或与汽车产生摩擦。

操作流程	□ 7. 固定制动摩擦片磨损指示电导线（用图11-22所示的防尘罩2固定）。将电插头3置于安装位置，然后沿图11-22所示箭头方向转动，直至接片4在支架上的孔5中卡止。安装电插头6。 □ 8. 安装后轮。 □ 9. 再将诊断仪连接在汽车诊断接口上，打开点火开关，输入车辆识别号后，选择引导功能，复位后电子驻车制动器，如图11-23所示。（注⑦） 1—触点　2—防尘罩　3、6—电插头　4—接片　5—孔 □ 图11-22　制动摩擦片磨损传感器　　　□ 图11-23　后电子驻车制动器复位 **二、注意事项** □ 1. 注意制动摩擦片的正确拆装。 □ 2. 注意不要忘记后电子驻车制动器的复位操作。 □ 3. 注意安装后的清洁。 **三、技术要求** □ 1. 制动活塞固定螺栓的安装位置、力矩应正确。 □ 2. 熟悉诊断仪的通道编号。 □ 3. 安装完成后进行制动液液位的检查。
质量验收	□ 试车磨合，检查制动器是否有异常。　　　　　是□　否□ □ 同客户试车确认。　　　　　　　　　　　　　是□　否□ □ 检查仪表是否有报警。　　　　　　　　　　　是□　否□ □ 与施工单对照检查项目是否全部完成。　　　　是□　否□ □ 检查工具、设备是否遗漏在车上。　　　　　　是□　否□

检查与评估	
6S管理规范 （教师点评）	□整理　□整顿　□清扫　□清洁　□素养　□安全
成绩评定 （学生总结）	小组对本人的评定：□优　□良　□及格　□不及格 学生本次任务成绩：□优　□良　□及格　□不及格

注⑦：在停车状态下将制动踏板多次用力踩到底，以使制动摩擦片进入相应的工作位置。

专业考核评分表——后轮制动摩擦片的更换

班级：		组别：	组长：	日期：		
技术标准：1. 制动摩擦片拆装流程；2. 制动摩擦片的检测标准与更换要求						
序号	作业项目	考核内容	考核标准	分值	扣分	得分
1	准备环节	正确选用工具	选错 1 次扣 1 分	5		
2		正确使用工具	用错 1 次扣 1 分	5		
3	拆卸环节	拆卸后轮	按照流程规范拆卸，错 1 次扣 1 分	5		
4		将车辆诊断仪连接在汽车诊断接口上后打开点火开关，输入车辆识别号（VIN）后，选择引导功能，松开后电子驻车制动器		5		
5		脱开制动摩擦片磨损传感器的电插头	未做不得分	5		
6		拧出制动钳固定螺栓，取下制动钳	未取出来不得分	10		
7		用钢丝将制动钳挂在车身上，取下制动摩擦片	按照流程规范分解，错 1 次扣 5 分	10		
8	安装环节	用活塞复位专用工具 T10145 将活塞完全压回	按照后拆先装顺序操作，错 1 次扣 2 分	10		
9		将制动摩擦片装入制动器支架	未装好不得分	10		
10		拧紧制动钳新螺栓，卡住导向销	按照后拆先装顺序操作，错 1 次扣 2 分，少 1 道流程扣 5 分	10		
11		安装后轮	未安装和未用诊断仪复位各扣 5 分	5		
12		打开点火开关，进入诊断仪界面，输入车辆识别号，选择引导功能，复位后电子驻车制动器		10		
13		项目实训时间	0～15min　　10 分 ＞15～18min　7 分 ＞18～20min　3 分 ＞20min　　　0 分	10		
质检员：		评分员：		合计得分		
教师点评：						
团队合作：优秀□ 良好□ 及格□　　　分工明确：优秀□ 良好□ 及格□						
专业标准：优秀□ 良好□ 及格□　　　操作规范：优秀□ 良好□ 及格□						
教师签字：　　　　　　　　　　　　　　　　　　　年　　　月　　　日						

注：实训未按规范操作，导致出现设备损坏或人身伤害，本次考核记 0 分。

实训项目十二 —— 奥迪灯光系统维护

任务一 奥迪灯光系统认知

_____ 课时

班级：	组别：	姓名：	掌握程度：□优 □良 □及格 □不及格

一、工作任务

1. 熟悉灯光系统的组成及作用。

2. 掌握奥迪灯光新技术。

二、项目认知

1. 车灯开关认知

（1）灯光开关安装位置在_____，变光开关安装位置在_____。

（2）灯光挡位认知：将图12-1所示灯光开关上面图标的含义填写在空白处。

1 表示_____，其作用是_____；

2 表示_____，其作用是_____；

3 表示_____，其作用是_____。

□ 图12-1 灯光开关

2. 检查相应的灯光（见图12-2、图12-3）

（1）前部灯（前照灯）检查：前示宽灯□ 近光灯□ 远光灯□ 远近变光灯□

前雾灯□ 左转向灯□ 右转向灯□ 应急灯□ 日行灯□

（2）尾部灯检查：后示宽灯□ 后雾灯□ 制动灯□ 倒车灯□

左转向灯□ 右转向灯□ 应急灯□ 第三制动灯□

□ 图12-2 前部灯

□ 图12-3 尾部灯

3．灯的种类及特点

根据图12-4所示，请写出1～16分别是哪款车的车灯：1—_____；2—_____；3—_____；4—_____；5—_____；6—_____；7—_____；8—_____；9—_____；10—_____；11—_____；12—_____；13—_____；14—_____；15—_____；16—_____。

4．奥迪灯光新技术

（1）自适应前照灯：已经应用在奥迪A6、A7和A8的高配车型中，它是增强型氙气前照灯的一种，通过前照灯组件内部的电动机控制转动氙气灯组，实现在不同路况下更合理的照射面积。所以在奥迪A6、A7和A8的高配车型中未再配置_____灯了。

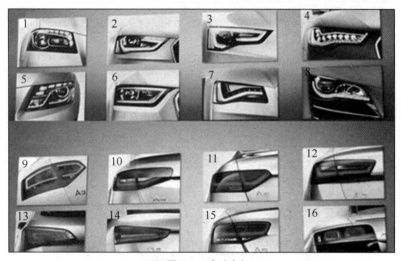

□ 图12-4　奥迪车灯

（2）从图12-5可看出，自适应前照灯可以改变照射面积，可以提供_____理想照明，这属于全天候车灯。

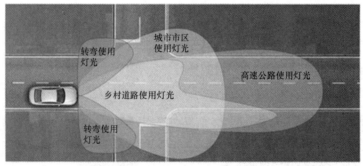

□ 图12-5　自适应前照灯灯光

5．智能尾部灯

（1）智能尾部灯可以根据_____、路况等自动调节尾部灯亮度，在低速行车时灯光会_____，在高速行车时会_____，让后车及早看到。智能尾部灯和普通尾部灯的对比如图12-6所示。

（2）两边尾部灯的亮度也可以分别自动调节，如图 12-7 所示。假设车辆行驶在偏右的位置，则_____尾部灯会自动变暗。

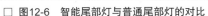

□　图12-6　智能尾部灯与普通尾部灯的对比

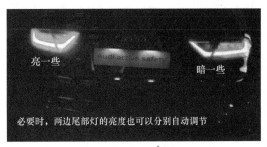

□　图12-7　智能尾部灯亮度自动调节

（3）智能尾部灯会根据天气等因素自动调整_____，尽可能避免亮度太_____而影响后车的行驶。

6．矩阵式 LED 前照灯

（1）矩阵式 LED 前照灯（见图 12-8）的优点：_____。

（2）前照灯根据功能不同分为 3 种，即_____、_____、_____等，如图 12-9 所示。

□　图12-8　矩阵式LED前照灯

□　图12-9　前照灯类型

（3）矩阵式 LED 前照灯的功能介绍：奥迪采用的矩阵式 LED 前照灯赋予了光不同的智慧价值，如图 12-10 所示，它可根据周边环境使局部区域灯光变_____，高效快速的_____在确保自己安全的同时，更好地照顾他人的行车安全。

（a）摄像头已识别出有一前行车辆

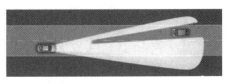

（b）摄像头已识别出有一对向车辆

□　图12-10　矩阵式LED前照灯效果

任务二　前照灯更换及调整

_____课时

班级：		组别：		姓名：		掌握程度：□优 □良 □及格 □不及格		
实训目的		掌握前照灯总成更换及灯光高度调整的方法和注意事项。						

班级：	组别：	姓名：	掌握程度：□优 □良 □及格 □不及格
实训目的	掌握前照灯总成更换及灯光高度调整的方法和注意事项。		
安全注意事项	注意设备及个人安全，规范操作。		
教学组织	每辆车安排6位学员（组长1人、主修1人、辅修1人、观察员1人、评分1人、质检1人）作业，循环操作。		
操作步骤演示	前照灯更换及调整（一）	前照灯更换及调整（二）	前照灯更换及调整（三）
任务	作业记录内容　☑正确☒错误		
前期准备	□ 1. 护具——整车防护7件套（车外3件套——前保险杠护垫/左翼子板护垫/右翼子板护垫，车内4件套——转向盘套/脚垫/座椅套/变速器操作杆套），如图12-11和图12-12所示。 □ 图12-11　车外3件套　　 □ 图12-12　车内4件套 □ 2. 工具——奥迪诊断仪（见图12-13）、世达工具（见图12-14）、专业工具等。 □ 图12-13　奥迪诊断仪　　 □ 图12-14　世达工具 □ 3. 耗材——前照灯、手套。 □ 4. 实训车辆——奥迪A3。		

安全检查	☐ 1. 检查车辆驻车制动器是否被拉起，变速器挡位是否处于空挡。 ☐ 2. 在车辆前后放置车轮挡块。 ☐ 3. 使用实训车辆或台架前，检查实训车辆及台架周围是否安全。（注①）
防护工作	着装规范如图 12-15 所示。车身清洗如图 12-16 所示。车内防护如图 12-17 所示。（注②）    ☐ 图12-15 着装规范　　☐ 图12-16 车身清洗　　☐ 图12-17 车内防护
操作流程	一、操作步骤 步骤一　更换前照灯 ☐ 1. 打开发动机舱盖，观察前照灯拆装时需拆卸的部件（见图 12-18）。（注③） ☐ 2. 拆卸前保险杠护板卡扣螺栓，如图 12-19 所示。   ☐ 图12-18 打开发动机舱盖　　☐ 图12-19 前保险杠护板卡扣螺栓位置 ☐ 3. 拆卸前照灯上面的固定螺栓（见图 12-20）。 ☐ 4. 找到右前轮胎侧边位置的挡泥板卡扣，使用专用工具撬开挡泥板卡扣，如图 12-21 所示。   ☐ 图12-20 前照灯固定螺栓位置　　☐ 图12-21 拆卸挡泥板卡扣

注①：使用过程中若有异常或异响，应立即停止当前作业并及时和老师联系，不得擅自处理。
注②：安全防护要到位。
注③：在拆卸前照灯之前，为避免在更换灯泡时被发动机舱内部件烫伤，我们要确认车辆已经熄火，并且是在凉车状态打开发动机舱盖。

操作流程

□ 5. 拆卸 2 颗隐藏在前保险杠左侧内部的螺栓，如图 12-22 所示，一颗在外面，另一颗在深入 10cm 的位置，如图 12-23 所示。

隐藏在内侧的螺栓

深入 10cm 的螺栓

□ 图12-22　前保险杠左侧内部螺栓（一）　　□ 图12-23　前保险杠左侧内部螺栓（二）

□ 6. 不要忘记拆卸前照灯下面翼子板方向（图 12-24 所示位置）的一颗隐藏的螺栓。

□ 7. 拆下前照灯与灯泡电源之间的接线，如图 12-25 所示。拆下前照灯防水盖，如图 12-26 所示。（注④）

□ 8. 拆卸右前照灯，如图 12-27 所示。

前照灯下面翼子板方向隐藏的螺栓位置

□ 图12-24　前照灯下面螺栓位置

灯泡插头

灯泡电源插口

□ 图12-25　拆下前照灯接线

防水盖

□ 图12-26　拆下前照灯防水盖

□ 图12-27　拆卸右前照灯

□ 9. 选择相同型号的前照灯（本车型选择 LED 前照灯）总成，准备安装，如图 12-28 所示。（注⑤）

注④：车灯防水盖的材质多较柔软，也有的使用软塑料的防水盖，只要稍微用力，就可以将盖掰下。
注⑤：避免用手直接接触及灯泡玻璃壳。另外，在挑选新灯泡时，车主应根据自己原车灯泡的型号选择合适的产品。

操作流程

□ 10. 安装新前照灯,并在测试墙壁上测试远、近光角度是否合适,如图12-29所示,若不合适则需要做基本设置。

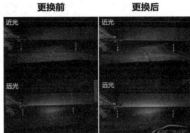

彩图12-29

□ 图12-28　选择相同型号前照灯总成　　□ 图12-29　测远、近灯光角度

步骤二　前照灯基本设置

□ 1. 连接诊断仪与车辆诊断座,打开点火开关,使用诊断仪功能选择界面,选择"004.基本设定",如图12-30所示,再选择"55-氙气灯射程",如图12-31所示,屏幕显示"输入组号",如图12-32所示。

□ 图12-30　选择"004.基本设定"

□ 图12-31　选择"55-氙气灯射程"

□ 2. 在图12-32所示界面中输入组号"001",并按"确认"键,显示屏显示"请等待";之后显示屏显示运动调整位置,此过程持续20s,接着显示"调节前照灯"。

□ 图12-32　输入组号

□ 3．进行前照灯调整，将新检测屏（不带15°调整线）放于车前10m处。（注⑥）

□ 4．检查内容有：打开近光灯，检查水平方向灯光的亮暗，如图12-33所示；是否在垂直方向通过中央点；检查光束是否在垂直方向的右侧。如果检查结果不符合要求，应进行调整，调整时要用十字螺钉旋具转动相应的滤花小轮，如图12-34所示。

操作流程

□ 图12-33　近光检查

□ 图12-34　转动滤花小轮进行近光调整

□ 5．调整后按"确认"键。再次选择前照灯的"004.基本设定"，输入通道号"001"，如图12-35所示。

□ 6．再次按"确认"键显示新界面，进入调校位置学习，如图12-36所示。

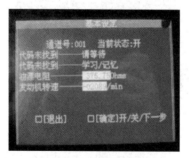

□ 图12-35　基本设定

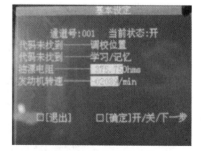

□ 图12-36　调校位置学习

注⑥：需要用前照灯检测仪检测，本任务内容省略检测仪的使用。

操作流程	□ 7. 等待 10～30s，设定完成，再利用诊断仪清除系统故障码。至此整个过程操作完成，故障排除。 **二、注意事项** □ 1. 注意线束插头的正确插拔。 □ 2. 注意前照灯总成的正确拆装。 □ 3. 注意前照灯总成件的型号选配。 □ 4. 正确调整灯光。 **三、技术要求** □ 1. 掌握前照灯线束锁止接头的插拔方法。 □ 2. 前照灯总成件的选择（外观、型号），新、旧应一致。 □ 3. 前照灯基本设置方法要熟练，流程要规范。 □ 4. 会检查测试前照灯是否正常。
质量验收	□ 打开前照灯，检查其是否能正常点亮。　　　　　　是□　否□ □ 同客户试车确认。　　　　　　　　　　　　　　　是□　否□ □ 与施工单对照检查项目是否全部完成。　　　　　是□　否□ □ 检查工具、设备是否遗漏在车上。　　　　　　　是□　否□
	检查与评估
6S 管理规范 （教师点评）	□整理　□整顿　□清扫　□清洁　□素养　□安全
成绩评定 （学生总结）	小组对本人的评定：□优　□良　□及格　□不及格 学生本次任务成绩：□优　□良　□及格　□不及格

专业考核评分表——前照灯更换及调整

班级：		组别：		组长：		日期：		
技术标准：1. 灯泡更换流程；2. 前照灯调整的技术要求								
序号	作业项目	考核内容	考核标准	分值	扣分	得分		
1	准备环节	正确选用工具	选错1次扣1分	5				
2		正确使用工具	用错1次扣1分	5				
3	灯泡更换环节	打开发动机舱盖，观察需拆卸的前照灯部件	未打开或观察前照灯需拆部件的，各扣5分	10				
4		拆前保险杠护板卡扣螺栓、前照灯固定螺栓、挡泥板卡扣等	未做不得分	5				
5		拆下前照灯的接线，拆下防水盖	未做不得分	5				
6		拆卸右前照灯	按流程规范操作，错1次扣10分	10				
7		安装新前照灯并测试远、近光角度		10				
8	前照灯调整环节	车辆连接诊断仪，打开点火开关	按照流程规范调整，错1次扣10分	10				
9		系统设置		10				
10		进行灯光的检测和调整	按照流程规范调整，错1次扣10分，未有效调整扣10分	20				
11		项目实训时间	0～10min　　10分 >10～15min　　5分 >15min　　0分	10				
质检员：		评分员：			合计得分			
教师点评：								
团队合作：优秀□ 良好□ 及格□			分工明确：优秀□ 良好□ 及格□					
专业标准：优秀□ 良好□ 及格□			操作规范：优秀□ 良好□ 及格□					
教师签字：					年　　　月　　　日			

注：实训未按规范操作，导致出现设备损坏或人身伤害，本次考核记0分。

实训项目十三 —— 奥迪多媒体交互系统规范使用

任务一 奥迪多媒体交互系统认知

_____课时

班级：	组别：	姓名：	掌握程度：□优 □良 □及格 □不及格

一、工作任务

1. 了解奥迪多媒体交互系统基础知识。

2. 掌握多媒体交互系统的组成及功能。

二、项目认知

1. 奥迪多媒体交互（MMI）系统

奥迪多媒体交互（Multi-Media Interface，MMI）系统又称_____界面。MMI 系统将通信、导航和视听娱乐的不同系统整合在汽车中。驾驶员可以通过 MMI 系统收听或收看收音机、CD/DVD 以及电视，甚至可以通过奥迪音乐接口连接便携式播放器，或通过蓝牙功能连接 MMI 系统。导航系统可以为驾驶员指引最便捷的路径抵达旅行目的地。或者它可根据个人出行计划（最多带 4 个中间目的地）进行导航。另外也可以使用车载电话的手持话机。此外，MMI 系统也集成了车辆功能设置和_____信息显示功能，可以通过 MMI 操控面板及其操作按键（见图 13-1）自定义某些功能，例如灯光设置、_____设置。车辆的信息也可以显示在中央显示屏上，例如机油_____液位、室外_____等信息。

2. MMI 系统功能

MMI 系统一共有七大功能，分别是 Car（车况）、_____、信息、_____、_____、收音机、声音，如图 13-2 所示。

□ 图13-1　MMI系统操作按键

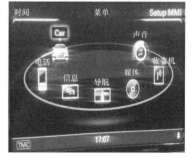

□ 图13-2　MMI系统功能菜单

3. MMI 系统选项

MMI 系统内主要有三大选项，分别为汽车设置、驾驶员辅助系统、保养和检查。

4. MMI 系统功能菜单

（1）MMI 系统功能菜单显示了本车所有功能，如图 13-2 所示。可以通过 MMI 操控面板旋压式按钮和对应四角的按键选择进入相应功能。

（2）左上角的"时间"键可以用于设置日期、_____，"时间"键界面如图 13-3 所示。还可以选择时区。

□ 图13-3 "时间"键界面

（3）右上角"Setup MMI"键界面的基本内容有语言、计量单位、语音对话系统、显示屏亮度、出厂设置、系统更新、数据加密、版本信息等，如图 13-4 和图 13-5 所示。

□ 图13-4 "Setup MMI"键界面（一）

□ 图13-5 "Setup MMI"键界面（二）

5．收音机

（1）奥迪 A6L 的收音机主界面很简洁，如图 13-6 所示，中央主显示区是电台频段列表，四角对应的为各种收音机相关的功能，驾驶员可以通过 MMI 操控面板中央旋压式按钮选择电台频段。

（2）如图 13-7 所示，通过左上角"存储功能"键，可以把想存储的电台存储到对应_____上。

（3）当想快速进入某个收音机电台时，可以通过 MMI 操控面板上的_____来存储相应的电台。如

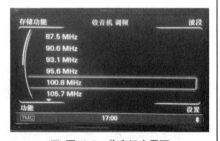

□ 图13-6 收音机主界面

图 13-8 所示的频道 100.8MHz，当用户想绕过手调功能选择频率而进入该频道时，可以在 100.8MHz 的频道上长触碰 MMI 操控面板的虚拟数字按键储存该频道，当长触碰_____s 时，会听到车内响起"嘟"的一声，此时该频道已存入该快速选择按钮。用户下次想听该频道时，可轻触一下相对应的数字来快速进入该存储频道。MMI 操控面板上共 6 个虚拟按键，用户最多可以存储 6 个快捷频道。

（4）如图 13-9 所示，通过右上角"波段"键可以选择调频 FM 或者调幅_____。

（5）点击左下角"功能"键，显示图 13-10 所示内容。

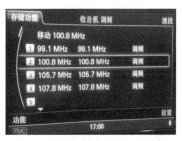

□ 图13-7　存储电台

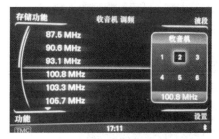

□ 图13-8　电台存储编号

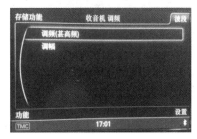

□ 图13-9　波段选择

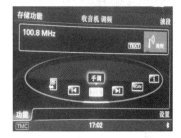

□ 图13-10　手动选择调频

图 13-10 中"手调"的 6 个选项的功能从左到右依次是：存储电台，向下搜索，手调，向上搜索，自动＿＿＿＿＿＿＿＿＿，广播文本。

① 存储电台：手动选择频率并储存。

② 向上搜索、向下搜索：只搜索到有台的频率时停止，不保存。

③ 自动搜索：搜索所有信号最强的频率并自动＿＿＿＿＿＿＿＿＿。

（6）点击右下角的"设置"键，显示图 13-11 所示内容。

① "声音设置"选项可以用来设置：数码声场处理系统（DSP）、重低音、＿＿＿＿＿＿＿＿＿、高音、音量左右均衡/音量前后均衡（GALA），如图 13-12 所示。

□ 图13-11　"设置"键界面

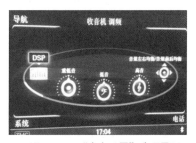

□ 图13-12　"声音设置"选项界面

② 数码声场处理系统（见图 13-13）：使用数码声场定位功能可以针对听众将声音调至最佳效果。操作按键如图 13-14 所示。GALA 功能可调节音量和音响效果使之与车速相匹配（前提：正在显示声音主功能并且已选择 DSP 功能）。带有＿＿＿＿＿＿＿＿＿的汽车不能调节重低音。

6．媒体

（1）通过图 13-15 所示界面左上角的"复制"键可以把 SD 卡、＿＿＿＿＿＿＿＿＿、DVD 内的歌曲、图片、视频复制到奥迪多媒体交互系统的 Jukebox（自动点唱机）内，Jukebox 内置 20GB 的内存供用户复制内容，能够储存用户想听的歌曲。

□ 图13-13　数码声场处理系统　□ 图13-14　操作按键　□ 图13-15　"复制"键界面

（2）通过右上角的"播放源"键可以选内置硬盘 Jukebox、SD 卡、CD/DVD、外部音频输入等，如图 13-16 所示。外部音频输入功能：通过 3.5mm 音频接口，将音频直接输入。

（3）如图 13-17 所示，左下角的"功能"键选项从左到右依次为播放列表、上一曲目、快退、暂停/_____、快进、下一曲目、歌曲信息。

 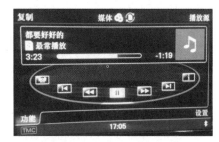

□ 图13-16　"播放源"键界面　　　　□ 图13-17　"功能"键界面

（4）右下角的"设置"键功能类似于普通 MP3/MP4 播放器功能，其中菜单内容为声音设置、随机播放、重放选项、显示曲目信息、Jukebox 存储状态、删除_____等，如图 13-18 所示。

7. 车况（Car）：

（1）通过这个功能，驾驶员可以查看到车辆的一系列信息，包括保养、座椅_____、机油_____、胎压等信息。

（2）驾驶员可以选择驾驶模式，即选择让发动机控制单元和变速器控制单元在不同的软件版本下的工作模式，如图 13-19 所示，可以选择 comfort（_____）、auto（自动）、dynamic（_____）、individual（自定义）等模式。

（3）有些高配车辆带有可调式空气悬架进入"Car"后显示的是选择悬架状态，驾驶员可以根据路况选择相应的悬架软硬程度，更好地通过相应路况的路段，如图 13-20 所示。

（4）左下角"汽车系统"键界面中主要为三大选项，分别为"汽车设置""驾驶员辅助系统""保养和_____"，如图 13-21 所示。

图13-18 "设置"键界面

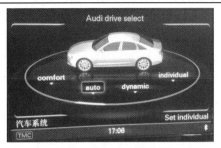

图13-19 驾驶模式选择

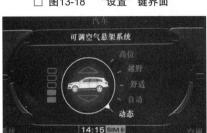

图13-20 空气悬架系统调整

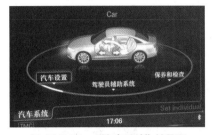

图13-21 "汽车系统"键界面

① "汽车设置"主要用于对车内一些电子功能做出设置，驾驶员可以根据自己的意向设置适合自己的选项，该设置主要是对舒适_____的设置，如图13-22所示。

② "驾驶员辅助系统"主要用于车外舒适安全系统的设置，主要有_____、超速警告等，如图13-23所示。

图13-22 "汽车设置"键界面

图13-23 "驾驶员辅助系统"键界面

③ 保养和检查。

a．轮胎气压监控系统：当轮胎重新充入气体并且符合规定气压值时，进入轮胎气压监控系统（见图13-24）存储当前气压值，如果胎压监测报警灯_____，重新存储气压值后，胎压监测报警灯会熄灭。此监控系统是基于轮速传感器监测各个车轮的转速来实现监控的，当某个车轮气压相比其他车轮_____时，车轮滚动速度会比其他车轮_____，控制单元识别到轮速传感器的差异值会发出报警提示。高配车会在每个车轮内安装轮胎气压监测传感器，控制单元会识别到某个车轮气压值不符合规定，通过仪表板显示相应_____气压值的车轮。

b．机油油位：进入"机油油位"选项后会出现一个柱状的油量表，实心的柱表示当前油量，上方的条代表油量的上限，下方的条代表油量的_____。当加注机油过多时，

MMI 显示屏会显示"_____"提示；当机油消耗过多时，MMI 显示屏会显示"请立即添加机油"。为了准确测量机油油位，有两个条件必须满足：一是发动机必须预热，冷却液温度不低于_____℃；二是发动机不能处于运转状态，需处于静止状态。

    c. 保养周期："保养周期"选项内有两部分，一是下次_____提示，二是下次_____提示，如图 13-25 所示。每次换油后复位保养周期，换油提示自动还原到初始设定。

    d. 更改刮水片位置（界面中的"更改雨刷位置"选项）：当需要更换刮水片时，进入该选项，刮水片会从风窗玻璃下方摆到风窗玻璃中央，此时需将刮水片小心从风窗玻璃上拉起，更换_____。更换完毕后关闭该选项，刮水片自动回到风窗玻璃下方。该选项还有一个功能是当冬天下雪时，为了防止雪融化后冻结成冰粘住风窗玻璃与刮水片，可以打开该选项，然后将刮水片从风窗玻璃上_____。

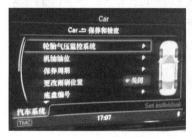

□ 图13-24 轮胎气压监控系统

□ 图13-25 保养周期

    （5）右下角"Set individual"（驾驶模式自定义设置）驾驶模式有两大控制单元设置功能：一是发动机/变速器工作模式选择，二是转向系统工作模式选择。每个控制单元工作模式都有 3 种选项，分别是 comfort（_____）、auto（_____）、dynamic（_____），如图 13-26 所示。

    8. 电话

    （1）电话功能（见图 13-27）有两种：一种是基于_____（Bluetooth）技术，通过车载内置蓝牙模块与手机蓝牙相匹配，可以将手机内的联系人信息通过蓝牙显示到 MMI 显示屏和仪表板多功能显示屏上，并可以通过 MMI 操控面板拨号或转向盘快捷键呼出到想联系的人；另一种是插入 SIM 卡通过车载电话进行通信。

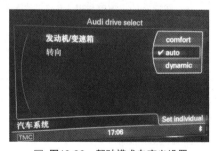

□ 图13-26 驾驶模式自定义设置

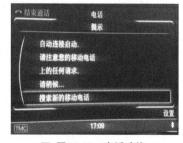

□ 图13-27 电话功能

    （2）当通话时，不论是蓝牙还是车载 SIM 卡，都是通过车载麦克风讲话、通过车载音响播放对方讲话的。在前排车内照明灯总成罩内有一枚_____，通过它收集车内语音通话信息。

（3）在电话功能界面内将蓝牙音频播放器打开后，再进入媒体功能界面内选择播放源。选择蓝牙音频播放器，汽车就可以通过手机内置播放器播放手机内的音频内容。通过手机和 MMI 操控面板上的"上/下一曲目"选项按键都可以进行上/下一曲目切换，或者长触碰"上/下一曲目"按键进行快进/快退的操作。

（4）手机与车载 MMI 蓝牙配对方法如下：

① 点击"功能"键；

② 点击"设置"键；

③ 将旋压式按钮转到"蓝牙"选项处，然后按压旋压式按钮；

④ 将旋压式按钮转到"搜索蓝牙装置"选项，然后按压旋压式按钮。MMI 显示屏上随即显示可用的_____装置，如图 13-28 所示。

9．导航

（1）汽车语音功能可以识别驾驶员的指令。当驾驶员喊"导航"时，MMI 系统就会自动打开_____。

（2）MMI 系统的导航功能（见图 13-29）除了可以为驾驶员指引路线外，还有一项特殊的功能，就是可以提供实时交通流量信息（TMC）。不同程度的拥堵情况都会以不同的颜色在地图上标注出来，但是并非所有道路都有相关信息，进入导航功能后会显示_____位置。仪表板调到导航功能界面时会显示指南针信息，显示车身朝向什么方向。在导航功能界面中直接旋转旋压式按钮，会启用地图缩放功能，逆时针旋转时地图放大，顺时针旋转时地图缩小。

（3）通过图 13-29 左下角"目的地"键进入目的地界面后会显示输入框，驾驶员可以在地图上点选或者在输入框进行名称选择。名称选择可以通过旋压式按钮输入名称，也可以通过 MMI 操控面板直接手写，支持英文和中文。

（4）通过图 13-29 右下角"设置"键可以对导航功能进行自定义设置，可以设置语音提示、屏幕地图显示。

（5）通过图 13-29 左上角"路径"键可实现路径选择。若想去某个地方，输入目的地，导航系统会自动生成几条路径，其中包括最短路径、最省钱路径、_____路径和_____路径。驾驶员可以根据车道车况信息选择路径。

□ 图13-28　蓝牙设置

□ 图13-29　MMI系统导航功能界面

10．MMI 的复位与重启

当车辆出现多媒体操控面板不好用、屏幕画面卡滞等现象，或者是音质调完后想恢复到出厂设置时，可以通过按动 MMI 操控面板上的几个对应按键对 MMI 系统进行_____和重启。根据车型不同，主要有两类复位与重启方法。

第一类车型：A4L、A5、A6L、A7、Q5。

按键：同时按压中央的旋压式按钮②、右上角的方向键③、MENU 键①后松开，如图 13-30 所示。此时，会听见 MMI 显示屏"噗嗤"一声，然后 MMI 显示屏缩回，等待大约_____s 后显示屏重新升起。

第二类车型：A1、Q3、A8L、S8。

按键：同时按压旋压式按钮、方向键、TONE（音质）键（见图 13-31）后松开。

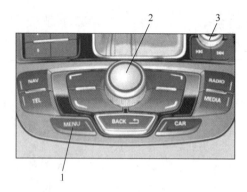

1—MENU键 2—旋压式按钮 3—方向键

□ **图13-30 系统复位按键**

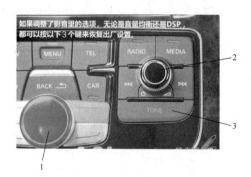

1—旋压式按钮 2—方向键 3—TONE键

□ **图13-31 重置操作按键**

奥迪 MMI 操控面板将会越来越简洁，功能将会越来越强大。MMI 系统的发展像智能机器人一样，智能系统、声音控制、_____监测、移动互联网、人机_____能力等这些新科技的加入将会使奥迪 MMI 系统变成一个强大的汽车智能交互系统，这是奥迪多媒体交互系统的发展方向。

任务二　奥迪多媒体交互系统使用

_____课时

班级：	组别：	姓名：	掌握程度：□优 □良 □及格 □不及格
实训目的	掌握 MMI 系统的使用。		
安全注意事项	注意设备及个人安全，规范操作。		
教学组织	每辆车安排 6 位学员（组长 1 人、主修 1 人、辅修 1 人、观察员 1 人、评分 1 人、质检 1 人）作业，循环操作。		
操作步骤演示	奥迪多媒体交互系统使用		
任务	作业记录内容　☑正确☒错误		
前期准备	□ 1. 护具——整车防护 7 件套（车外 3 件套——前保险杠护垫/左翼子板护垫/右翼子板护垫，车内 4 件套——转向盘套/脚垫/座椅套/变速器操作杆套），如图 13-32 和图 13-33 所示。 □ 2. 工具——世达工具、充电机（见图 13-34）等。 □ 图13-32　车外3件套　　□ 图13-33　车内4件套　　□ 图13-34　充电机 □ 3. 实训车辆——奥迪 A3 或 A4L。		
安全检查	□ 1. 检查车辆驻车制动器是否被拉起，变速器挡位是否处于空挡。 □ 2. 在车辆前后放置车轮挡块。 □ 3. 使用实训车辆或台架前，检查实训车辆及台架周围是否安全。（注①）		
防护工作	着装规范如图 13-35 所示。车身防护如图 13-36 所示。车内防护如图 13-37 所示。（注②）		

注①：使用过程中若有异常或异响，应立即停止当前作业并及时和老师联系，不得擅自处理。
注②：安全防护要到位。

防护工作	   □ 图13-35　着装规范　　□ 图13-36　车身防护　　　　□ 图13-37　车内防护
操作流程	一、操作步骤 □ 1．检查系统电压是否正常，给车辆接上充电机，如图 13-38 所示。 □ 2．打开电源开关，如图 13-39 所示。   □ 图13-38　蓄电池充电　　　　　□ 图13-39　打开电源开关 □ 3．MMI 系统的菜单目录如图 13-40 所示。在"汽车系统"界面里，主要可进行汽车设置、驾驶员辅助系统、空调等方面的调整，而且还能查看保养和检查方面的内容，如图 13-41 所示。   □ 图13-40　MMI系统的菜单目录　　　□ 图13-41　"汽车系统"界面 □ 4．进入"汽车设置"界面，可以看到"方向盘按钮设置""外部照明""内部照明"和"中央门锁"等项目，如图 13-42 所示。 □ 5．选择"方向盘按钮设置"，界面出现"Audi 驾驶选择模式改变""关闭仪表显示开启/关闭"等项目，如图 13-43 所示。 □ 6．进入"Audi 驾驶选择模式改变"界面，对于奥迪 A3 和 A4L 等车型，有 5 种驾驶模式可供选择，如图 13-44 所示，不同驾驶模式发动机和变速器

的配合完全不一样。例如选择自动模式，特点是各方面平衡性良好，换挡时发动机转速会控制在 2000r/min 以内，但转向盘会有些发沉，灵活度有提高。节气门反应变灵敏，动力反应灵敏。加速踏板踩到底时有推背感，悬架软硬变化不明显。

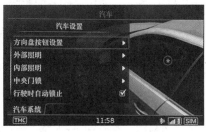 

□ 图13-42　"汽车设置"界面　　　　□ 图13-43　"方向盘按钮设置"界面

□ 7. 选择"外部照明"选项（见图 13-45）进入"外部照明"界面，在菜单"自动大灯"中，"启动时间"选项可以用来调节光线感应器敏感度，确定早、中或晚打开自动行车灯，如图 13-46 所示。

□ 图13-44　5种驾驶模式　　　　　□ 图13-45　选择"外部照明"选项

□ 图13-46　确定自动行车灯开启时间

□ 8. 选择"驾驶员辅助系统"选项（见图 13-47）进入该界面，当车速超过 65km/h 时会激活驾驶员疲劳提示功能（见图 13-48）。如果检测到驾驶员有疲态或分心迹象，评估结果是高风险，即通过声音信号向驾驶员发出警示。仪表板上显示一段文字，用咖啡杯符号提示驾驶员不要疲劳驾驶。

□ 9. "汽车系统"界面里还有"保养和检查"选项，其中可以清楚地看到车辆部分工作情况（胎压监测数据），如图 13-49 所示，以及距离下一次做

操作流程

	保养还有多长时间，如图 13-50 所示。
	 □ 图13-47　选择"驾驶员辅助系统"选项　　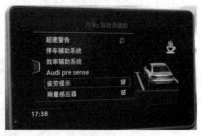 □ 图13-48　勾选"疲劳提示"选项
操作流程	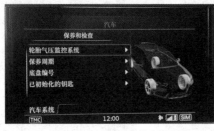 □ 图13-49　"保养和检查"界面　　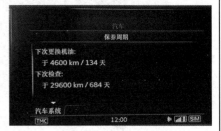 □ 图13-50　"保养周期"界面
	□ 10.　在空调进风口设置空气质量传感器，当传感器检测到空气中氮氧化物和有害气体超标时，阀门自动关闭，形成车内循环。反之打开阀门形成车外循环。
	□ 11.　选择"汽车"选项，进入"空调"界面，如图 13-51 所示，出现"空气自动循环"，选中该复选框并保存。退回初始界面。
	 □ 图13-51　"空调"界面
	二、注意事项 □ 1．在设置时，不能断电，且点火开关处于打开状态。 □ 2．设置过程中，严格按维修手册要求进行操作。 □ 3．设置结束，注意保持驾驶室干净。 **三、技术要求** □ 1．实训中必须确保蓄电池的电量充足。 □ 2．设置结束必须检查工作是否正常。

质量验收	□ 打开点火开关，检查仪表是否正常。	是□ 否□
	□ 同客户试车确认。	是□ 否□
	□ 检查仪表是否有报警。	是□ 否□
	□ 与施工单对照检查项目是否全部完成。	是□ 否□
检查与评估		
6S 管理规范 （教师点评）	□整理 □整顿 □清扫 □清洁 □素养 □安全	
成绩评定 （学生总结）	小组对本人的评定：□优 □良 □及格 □不及格 学生本次任务成绩：□优 □良 □及格 □不及格	

专业考核评分表——奥迪多媒体交互系统使用

班级：		组别：		组长：		日期：		
技术标准：MMI 系统使用操作要求								
序号	作业项目	考核内容	考核标准		分值	扣分	得分	
1	准备环节	正确选用工具	选错 1 次扣 2.5 分		5			
2		正确使用工具	用错 1 次扣 2.5 分		5			
3	使用环节	检查系统电压是否正常	按照流程规范操作，错 1 次扣 5 分		5			
4		连接外界电源			5			
5		打开电源开关			5			
6		打开 MMI 系统			5			
7		进入主菜单（或目录）			5			
8		进入"汽车系统"			5			
9		驾驶模式选择设置			10			
10		内外照明的设置			10			
11		驾驶员辅助系统的设置			10			
12		保养时间的查询			10			
13		空调内外循环的设置			10			
14		项目实训时间	0～10min　　　10 分 ＞10～12min　　8 分 ＞12～14min　　5 分 ＞14min　　　　0 分		10			
质检员：		评分员：			合计得分			
教师点评：								
团队合作：优秀□　良好□　及格□			分工明确：优秀□　良好□　及格□					
专业标准：优秀□　良好□　及格□			操作规范：优秀□　良好□　及格□					
教师签字：				年　　　　月　　　　日				

注：实训未按规范操作，导致出现设备损坏或人身伤害，本次考核记 0 分。

奥迪汽车空调系统维护

任务一　空调系统认知

_____课时

班级：	组别：	姓名：	掌握程度：□优　□良　□及格　□不及格

一、工作任务

1. 了解空调系统的基础知识，熟知空调的组成及工作原理。

2. 掌握空调的分类和操作类型。

二、项目认知

1. 空调系统的认知

（1）作用：汽车空调系统是实现对车内空气进行_____、加热、置换和净化的装置。它可以为驾乘人员提供_____的乘车环境，降低驾驶员的疲劳强度，提高行车安全性。

（2）功能：汽车空调一般有 4 种功能，其中任何一种功能都是为了使驾乘人员感到舒适而设置的。

① 通过空调能控制车内的气温，既能加热空气，也能_____空气，以便把车内温度控制到舒适的水平，如图 14-1 所示。

② 通过空调能够排除空气中的_____，干燥空气更有利于人体汗液的蒸发，使人体感觉更舒适。空调对人体的影响如图 14-2 所示。

③ 空调可吸入_____，具有通风功能。

④ 空调可过滤空气，排除空气中的_____和花粉。

□ 图14-1　空调控制车内温度

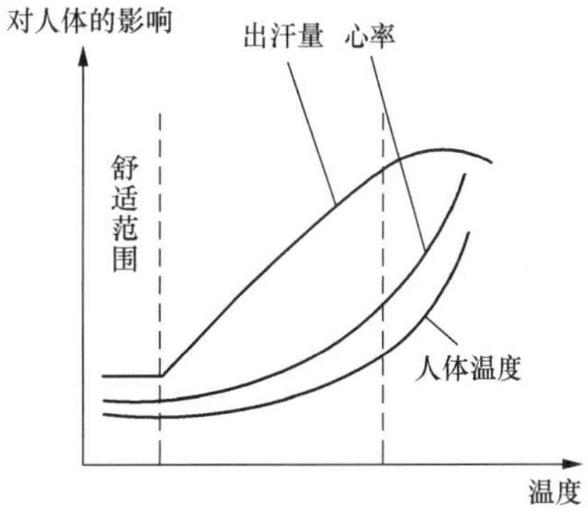

□ 图14-2　空调对人体的影响

（3）空调系统的物理原理。

大部分物质存在 3 种状态：固态、_____和气态，如图 14-3 所示。

由液态转换成气态时，物质要_____热量。

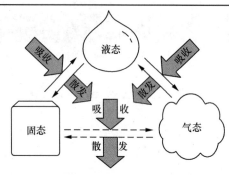

□ 图14-3 空调系统的物理原理

由气态转换成液态时，物质要_____热量。

2．空调制冷系统分类

汽车空调制冷系统的主要类型有节流阀式和_____，如图 14-4 和图 14-5 所示。

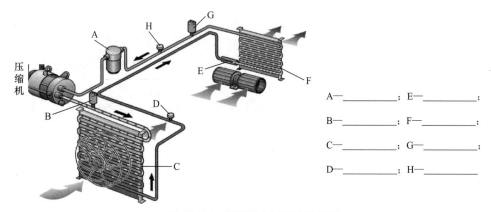

A—_____； E—_____；

B—_____； F—_____；

C—_____； G—_____；

D—_____； H—_____；

□ 图14-4 节流阀式空调的控制原理

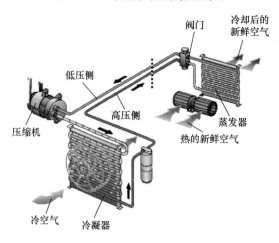

□ 图14-5 膨胀阀式空调的控制原理

节流阀式空调系统制冷剂循环回路中在低压侧有一个_____，通过节流阀根据节流孔的大小喷入适量的_____。实际喷入量取决于制冷剂循环回路中的当前压力。通过特定的节流孔无法保证压缩机不吸入液态制冷剂，为了避免压缩机内出现"液击"效应，在压缩机上游安装了一个_____，如图14-4所示。完成图14-4中的填空。

3．空调的操作类型

（1）手动空调。手动空调需要使用者自己_____调节送风模式。手动空调控制面板如图14-6所示。手动空调的冷气与暖气的温度高低_____调节，其出风口的模式切换需要_____调节。

（2）自动空调。自动空调可以自动持续保持某一预定的温度，为此，自动空调会自动地改变出风的温度、风扇的_____（空气流量）和气流的_____。空调装置同样会考虑强烈的日照情况，这样就不必进行人工调节。因此，自动空调模式几乎可以在所有情况下提供最佳的前提条件，让驾乘人员一年四季都可以获得舒适感受。自动空调控制面板如图14-7所示。

□ 图14-6　手动空调控制面板

□ 图14-7　自动空调控制面板

□ 案例分享 □

●──────【故障现象】──────●

一辆奥迪A4（B8）匹配的是2.0T的发动机、无级变速器（CVT），新车在交车检查时发现开启空调后，电子扇不运转，空调无法正常工作。

●──────【故障诊断】──────●

1．先用奥迪诊断仪（带诊断接口VAS 5052）检查，没有故障码，检查空调压力数据块，压力值只有2000kPa。接上压力表，静态压力有8000kPa，试车时发现该车的空调制冷异常。

2．先更换压力传感器，压力显示还是2000kPa，接着更换了电气控制模块J519，压力还是没有上升。这时把原车的压力传感器和J519装到其他的车上去测试，结果部件是正常的。

3．根据以上的情况可以判断出该故障不是电气故障。

4．打开空调，短接压力传感器，空调制冷且出风口温度正常。

5．分析有可能还是压力传感器存在问题，仔细观察，发现空调高压开关的接头有问题。

6．由于该高压接口的喉芯比较低，导致安装了压力传感器后，喉芯不能被顶开，压力传感器就检测不到正确的压力，所以不能打开电子扇。

●──────【故障排除】──────●

调整喉芯高度直到安装好压力传感器后能把它顶开，让压力开关能正常检测压力，试车，空调功能一切正常。

●──────【故障原因】──────●

空调的结构并不复杂，新车线路由于装备发生故障的概率比较低，根据以上的数据及检查情况分析，该故障的出现有以下可能的原因：

1. 压力开关故障；
2. J519 故障（压力开关的信号是先给到 J519，然后才通过 CAN 线传送到 J255）；
3. J255 故障（空调控制单元）；
4. 线路故障（接触不良）。

●──────【案例总结】──────●

对空调系统的故障进行检修时，需要将其原理及实物结合起来分析，才可准确地找到故障发生的原因，并采取相应的方法予以排除。

任务二　空调滤芯（空调滤清器）的更换

_____课时

班级：		组别：		姓名：		掌握程度：□优　□良　□及格　□不及格
实训目的	掌握空调滤芯更换的操作步骤及注意事项。					
安全注意事项	注意设备及个人安全，规范操作。					
教学组织	每辆车安排 6 位学员（组长 1 人、主修 1 人、辅修 1 人、观察员 1 人、评分 1 人、质检 1 人）作业，循环操作。					
操作步骤演示	空调滤芯的更换					
任务	作业记录内容　☑正确☒错误					
前期准备	□ 1．护具——整车防护 7 件套（车外 3 件套——前保险杠护垫/左翼子板护垫/右翼子板护垫，车内 4 件套——转向盘套/脚垫/座椅套/变速器操作杆套），如图 14-8 和图 14-9 所示。 　□ 图14-8　车外3件套　　　　□ 图14-9　车内4件套 □ 2．工具——世达工具（见图 14-10）、奥迪诊断仪（见图 14-11）、吸尘器、纸张等。 □ 3．耗材——空调滤芯，如图 14-12 所示。 　□ 图14-10　世达工具　　　□ 图14-11　奥迪诊断仪　　　□ 图14-12　空调滤芯 □ 4．实训车辆——奥迪 A6L。					

安全检查	□ 1. 检查车辆驻车制动器是否被拉起，变速器挡位是否处于空挡。 □ 2. 在车辆前后放置车轮挡块。 □ 3. 使用车辆或实训台架前，检查实训车辆及台架周围是否安全。（注①）
防护工作	着装规范如图 14-13 所示。车身防护如图 14-14 所示。车内防护如图 14-15 所示。（注②）    □ 图14-13 着装规范　　□ 图14-14 车身防护　　□ 图14-15 车内防护
操作流程	一、操作步骤 **步骤一　拆卸空调外置滤芯** □ 1. 使用奥迪诊断仪检测空调系统是否有故障码，如有，可先清除故障码，再确定故障是否还存在，如还存在则需及时排除空调的故障。 □ 2. 如没有故障，则打开发动机舱盖，清洁发动机舱，如图 14-16 所示。 □ 3. 拆卸排水槽盖板，拆卸固定连接片，如图 14-17 所示。   □ 图14-16 发动机舱清理　　　□ 图14-17 排水槽盖板及固定连接片 □ 4. 松开固定条 1，沿箭头方向取出固定接片 3 底下的空调外置滤芯 2，如图 14-18 所示。（注③） □ 5. 安装空调外置滤芯，安装操作以拆卸的倒序进行。（注④） **步骤二　拆卸空调内置滤芯** □ 1. 用螺钉旋具 1 松开快速卡扣 2，如图 14-19 所示。 □ 2. 松开并取下支架 4 上的盖板 3。 □ 3. 松开固定接片，向下翻转插口盖板并将其取下，如图 14-20 所示。（注⑤）

注①：使用过程中若有异常或异响，应立即停止当前作业并及时和老师联系，不得擅自处理。
注②：安全防护要到位。
注③：拆下滤芯后清洁部件周围（例如用吸尘器）。
注④：安装新的空调外置滤芯时，确保表示气流方向的箭头向下。
注⑤：拆下插口盖板后用纸张遮盖粉尘及花粉过滤器下方区域的脚部空间，防止拆卸时弄脏副驾驶地毯。

操作流程	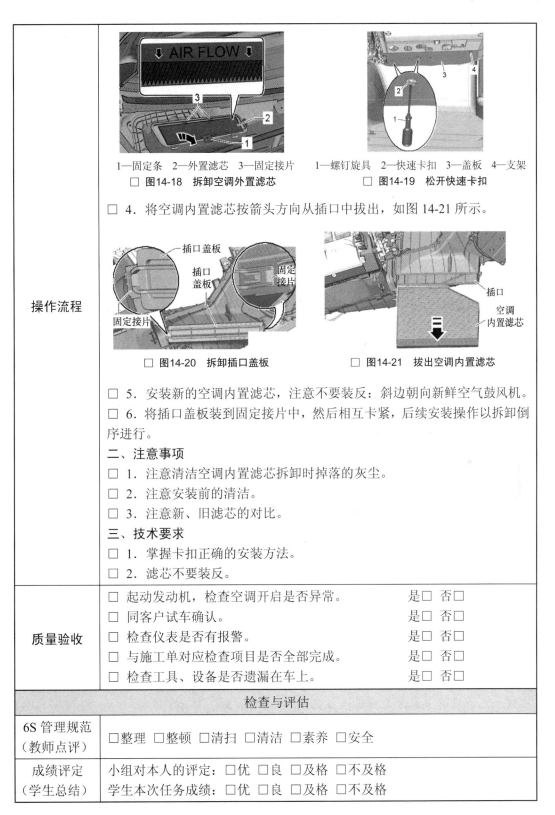 1—固定条　2—外置滤芯　3—固定接片　　1—螺钉旋具　2—快速卡扣　3—盖板　4—支架 □ 图14-18　拆卸空调外置滤芯　　　　　□ 图14-19　松开快速卡扣 □ 4. 将空调内置滤芯按箭头方向从插口中拔出，如图14-21所示。 □ 图14-20　拆卸插口盖板　　　　　□ 图14-21　拔出空调内置滤芯 □ 5. 安装新的空调内置滤芯，注意不要装反：斜边朝向新鲜空气鼓风机。 □ 6. 将插口盖板装到固定接片中，然后相互卡紧，后续安装操作以拆卸倒序进行。 **二、注意事项** □ 1. 注意清洁空调内置滤芯拆卸时掉落的灰尘。 □ 2. 注意安装前的清洁。 □ 3. 注意新、旧滤芯的对比。 **三、技术要求** □ 1. 掌握卡扣正确的安装方法。 □ 2. 滤芯不要装反。
质量验收	□ 起动发动机，检查空调开启是否异常。　　　　　是□　否□ □ 同客户试车确认。　　　　　　　　　　　　　是□　否□ □ 检查仪表是否有报警。　　　　　　　　　　　是□　否□ □ 与施工单对应检查项目是否全部完成。　　　　是□　否□ □ 检查工具、设备是否遗漏在车上。　　　　　　是□　否□
检查与评估	
6S管理规范 （教师点评）	□整理　□整顿　□清扫　□清洁　□素养　□安全
成绩评定 （学生总结）	小组对本人的评定：□优　□良　□及格　□不及格 学生本次任务成绩：□优　□良　□及格　□不及格

专业考核评分表——空调滤芯的更换

班级：		组别：		组长：	日期：		
技术标准：1. 空调滤芯更换流程							
序号	作业项目	考核内容	考核标准	分值	扣分	得分	
1	准备环节	正确选用工具	选错1次扣1分	5			
2		正确使用工具	用错1次扣1分	5			
3	拆装外置滤芯环节	用奥迪诊断仪检测并清除故障码	未按规范操作不得分	10			
4		清洁发动机舱	未清洁不得分	5			
5		拆卸排水槽盖板	按照流程规范操作，错1次扣5分	10			
6		松开固定条，取出空调外置滤芯		10			
7		安装新的空调外置滤芯		15			
8	拆装内置滤芯环节	松开快速卡扣及盖板	按照流程规范操作，错1次扣10分	10			
9		松开固定接片，取下插口盖板		10			
10		拆下旧的空调内置滤芯并安装新的空调内置滤芯		10			
11	项目实训时间		0~8min　　　　10分 >8~10min　　　5分 >10min　　　　0分	10			
质检员：		评分员：		合计得分			
教师点评：							
团队合作：优秀□ 良好□ 及格□　　分工明确：优秀□ 良好□ 及格□							
专业标准：优秀□ 良好□ 及格□　　操作规范：优秀□ 良好□ 及格□							
教师签字：　　　　　　　　　　　　　　　　　年　　　月　　　日							

注：实训未按规范操作，导致出现设备损坏或人身伤害，本次考核记0分。

奥迪汽车胎压监测认知与设置

任务一　奥迪汽车胎压监测设备认知

_____课时

班级：	组别：	姓名：	掌握程度：□优 □良 □及格 □不及格

一、工作任务

1. 对奥迪汽车胎压监测有基本的认知。

2. 熟知胎压监测系统的组成及工作原理。

二、项目认知

1. 奥迪汽车胎压监测的认知

（1）胎压监测系统：可以通过记录轮胎_____或安装在轮胎中的_____（见图 15-1）对轮胎状况进行实时自动监测（见图 15-2），从而为车辆行驶提供安全保障。

胎压传感器

□ 图15-1　胎压传感器

□ 图15-2　仪表显示胎压系统信息

（2）如图 15-2 所示，左前轮胎压是_____，右前轮胎压是_____，左后轮胎压是_____，右后轮胎压是_____。

其中，_____胎压偏低了，可能的原因是_____。

（3）胎压监测系统的性能指标如下。

① 可监测胎压范围为_____～_____bar（1bar=0.1MPa），分辨率为 25mbar，通常轿车的轮胎气压在_____～_____bar。奥迪汽车的胎压一般可以通过 MMI 系统查询到，根据图 15-3 所示内容，判断胎压是_____。

② 可监测温度范围为_____～_____℃，分辨率为 2℃，轿车的轮胎温度一般约_____℃。

③ 胎压传感器发射功率灵敏度用频谱分析仪测得，在−40dBm（dBm 是表示功率绝对值的单位，它表示的是相对于 1mW 功率的分贝值）左右，胎压传感器接收功率灵敏度在−100dBm。胎压传感器信息传递的示意图如图 15-4 所示。

④ 采用 500mA·h 的电池，若每天正常行车_____h，胎压传感器发射模块可正常工作_____年以上。

2. 奥迪胎压监测系统的作用

（1）预防事故发生。奥迪 A6L 胎压监测系统属于_____安全设备，在轮胎出现

_____时及时报警，提醒驾驶员采取相应措施，从而避免了严重事故的发生。

□ 图15-3　胎压显示

□ 图15-4　胎压传感器信息传递的示意图

（2）延长轮胎使用寿命。奥迪 A6L 有了胎压监测系统，可以随时让轮胎都保持在规定的_____、_____范围内工作，从而减少轮胎的损毁，延长轮胎使用寿命。若车辆在轮胎气压不足时行驶，当轮胎气压比正常值下降10%时，轮胎寿命就减少_____。

（3）更为经济。当奥迪 A6L 轮胎内的气压过低时，会增大轮胎与地面的接触面积，从而增大_____，当轮胎气压低于标准气压值的30%时，油耗将上升_____。

3．工作原理

（1）汽车自带的胎压监测系统属于间接式胎压监测系统。其原理（见图 15-5）是，当汽车轮胎的气压_____时，车辆的重量会使车轮的半径_____，导致其转速比其他车轮_____，然后通过比较车轮之间的转速差别，以达到监测_____的目的。

胎压
监测系统

□ 图15-5　间接式胎压监测系统原理

（2）安装的胎压监测器属于直接式胎压监测系统，它利用安装在车轮上的_____来直接测量轮胎的气压，如图 15-6 所示，利用_____发射器将压力信息从轮胎发送到中央接收器模板上的系统，通过行车信息显示屏可以实时查看 4 个轮胎的_____数据，如图 15-7 所示，当某个轮胎压力异常时会发出警报声，显示屏上会显示是_____出现了问题。

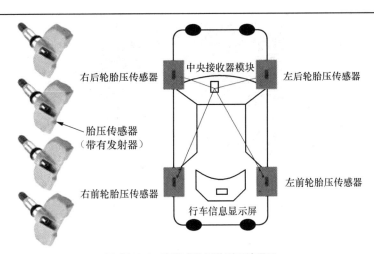

□ 图15-6　直接式胎压监测系统原理

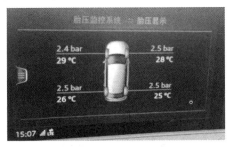

□ 图15-7　胎压数据显示

━━━━━━━━━━ □ 案例分享 □ ━━━━━━━━━━

━━━━━━━━ 【故障现象】 ━━━━━━━━

　　一辆 2010 款奥迪 A6L（2.4T 轿车，无级变速器），行驶里程为 26000km。该车在行驶里程约 3000km 时就出现过仪表板上 TPMS（胎压监测系统）故障灯报警的现象。每次故障出现时，都自行检查各轮胎的气压并存储胎压后报警灯会熄灭，但车辆行驶一段时间后又会报警。最初几次报警时，客户并没有在意，随着故障报警变得愈加频繁，不得不送至维修站维修。

━━━━━━━━ 【故障分析】 ━━━━━━━━

　　1. 新款奥迪 A6L 轿车采用间接式胎压监测系统，因此车轮中没有安装胎压传感器。TPMS 控制单元 J793 通过舒适系统总线接收 ESP（车身电子稳定系统）控制单元 J104（见图 15-8）传送来的 4 个轮速传感器的速度信号，通过分析来判断轮胎是否失压。TPMS 按照 2 种不同的监控分析方案同时进行分析，可以同时识别出多个轮胎上的气压损失。

　　2. 第一种方案：监控轮胎体积。

　　当轮胎气压减小时，轮胎体积变小，要行驶相同的距离，车轮必须比没有失压的车轮转得更快，车轮转速信号被 ESP 控制单元 J104 传递给 TPMS 控制单元 J793 进行分析。在 TPMS 中，各对角线的车轮转速相加，然后进行比较，再将同轴车轮和单侧车轮的转速信号进行比较，由此可以顾及弯道行驶、离心加速度及转向角度等因素的修正。

□ 图15-8　ESP控制单元J104

3. 第二种方案：监控轮胎振动。

（1）由于行驶道路不平整，每个轮胎滚动时都会引起振动，TPMS 通过测量各车轮转速分析该车轮的振动情况。如果气压降低，那么振动的方式就会发生改变，这种分析方式也可以同时测量出多个轮胎失压及轮胎缓慢漏气的情况。每次可通过 MMI 系统对胎压监测系统进行初始化设定，每次设定系统会有一次气压值的学习过程，在其后的行驶过程中，胎压传感器会记录各种行驶状态下的车轮转速和车轮振动状态，并结合车轮速度的变化规律、转向角度、横向加速度及离心加速度等因素的修正加以分析，气压的学习值就是系统监控的标准值。

（2）在行驶 10min 后，系统就可以监测出轮胎快速漏气，对轮胎缓慢漏气的监测大约需要行驶 1h。如果判断出某个车轮气压过低，则将报警信息通过网关发送到组合仪表，发出声光报警，提示驾驶员某个车轮压力不正常。当一个车轮上由于轮胎损坏导致气压很快减小时，会亮起红色报警灯，驾驶员信息系统会有相关的文字提示说明漏气轮胎的位置。当一个或多个轮胎缓慢漏气时，会亮起红色报警灯，但可能没有文字提示说明哪个轮胎漏气，系统只是提示轮胎压力低于最低气压。

●━━━━◆【故障诊断】◆━━━━●

1. 接车后，维修人员首先连接奥迪诊断仪（带诊断接口 VAS 5052）对车辆进行检测，发现胎压监测系统控制单元中存储有含义为"轮胎直径信号不可靠/偶发"的故障码。

首先进行常规检查，发现轮胎外观、尺寸及充气压力均正常，检查轮辋尺寸也没有问题。询问客户得知，该车从未更换过轮胎，仔细观察各轮胎花纹磨损状况，磨损也很均匀。之后进行试车，发现该车在存储胎压再行驶约几千米后胎压监测系统就会报警，如图 15-9 所示。

□ 图15-9　胎压监测系统报警

2. 观察数据流，报警时的各轮胎的报警状态均为 255，这说明各轮速信号无异常。根据以往的维修经验，先试换了 TPMS 控制单元 J793，但试车时故障依旧。那么问题可能出在车轮上，于是又同时试换了 4 个相同型号的车轮。经长时间试车，发现故障消失了，由此可以判定问题就出在轮胎的尺寸差异上。

3. 为了验证判断，再次安装原车的 4 个车轮，果然在行驶到 4.3 km 时又出现了 TPMS 报警的情况。看来初步的判断得到了验证。

4. 为了弄清究竟是哪个车轮导致的系统报警，于是决定用备胎分别替换 4 个车轮进行观察。首先将备胎安装在右前轮位置，试车行驶 5.6 km 后 TPMS 报警；然后将备胎安装在左前轮位置，试车行驶 4.8 km 后 TPMS 报警；将原车左前轮安装在左后轮位置上，试车行驶 6.5 km 后 TPMS 报警；将原车左后轮安装在右后轮位置上，试车行驶 50 km，故障消失；将原车右后轮安装在左前轮位置上（替换备胎），试车行驶 175 km，故障消失；将原车右后轮安装回原位，试车行驶 5.3 km 后，TPMS 再次报警。至此，可以确定故障就出在右后轮上。

●────【故障排除】────●

对于该车的故障，通过多次轮胎换位后试车观察分析，可以确定该车正是由于右后轮胎的制造质量误差，导致 J793 在巧合的轮胎对应关系下误认为"轮胎直径信号不可靠/偶发"。

●────【案例总结】────●

当遇到相同故障时，可以采用的调换方法是：将任意一个车轮位置保持不变，再将其他 3 个车轮的位置按照顺时针或逆时针的方向调换安装即可解决，这样通过车轮换位使各车轮间组成新的对应关系，消除了 J793 的误判断，排除故障。

任务二　奥迪汽车胎压传感器更换与胎压灯复位

＿＿＿＿＿＿＿课时

班级：	组别：	姓名：	掌握程度：□优　□良　□及格　□不及格
实训目的	掌握奥迪汽车胎压传感器更换与胎压灯复位的步骤及注意事项。		
安全注意事项	注意设备及个人安全，规范操作。		
教学组织	每辆车安排6位学员（组长1人、主修1人、辅修1人、观察员1人、评分1人、质检1人）作业，循环操作。		
任务	作业记录内容　☑正确☒错误		
前期准备	□ 1. 护具——整车防护7件套（车外3件套——前保险杠护垫/左翼子板护垫/右翼子板护垫，车内4件套——转向盘套/脚垫/座椅套/变速器操作杆套），如图15-10和图15-11所示。 □ 图15-10　车外3件套　　　　□ 图15-11　车内4件套 □ 2. 工具——世达工具（见图15-12）、奥迪诊断仪（见图15-13）、胎压监测表（见图15-14）、扒胎机等。 □ 图15-12　世达工具　　□ 图15-13　奥迪诊断仪　　□ 图15-14　胎压监测表 □ 3. 耗材——胎压传感器。 □ 4. 实训车辆——奥迪A6L。		
安全检查	□ 1. 检查车辆驻车制动器是否被拉起，变速器挡位是否处于空挡。 □ 2. 举升车辆前，检查实训台架及周围是否安全。 □ 3. 举升车辆至高出地面10～20cm，检查举升机支点位置是否正确。（注①）		

注①：举升车辆时，注意举升过程中有无异常、异响。若有，应立即停止当前作业并及时和老师联系，不得擅自处理。

防护工作	着装规范如图 15-15 所示。车身防护如图 15-16 所示。车内防护如图 15-17 所示。（注②）    □ 图15-15　着装规范　　□ 图15-16　车身防护　　□ 图15-17　车内防护
操作流程	**一、操作步骤** **步骤一　胎压传感器更换** □ 1. 使用诊断仪检测车辆胎压监测系统有无故障码，如有，要及时清除，如故障码不能清除，则判断胎压监测系统存在故障，要及时排除。 □ 2. 如果判断胎压传感器损坏，需更换，则先拆卸轮胎，如图 15-18 所示。（注③） □ 3. 在扒胎机上拆解外胎，如图 15-19 所示。 □ 4. 拆卸胎压传感器，如图 15-20 所示。   □ 图15-18　拆卸轮胎　　　　　　　　□ 图15-19　拆解外胎 □ 5. 如图 15-21 所示，将胎压传感器取出，观察胎压传感器的型号，如图 15-22 所示，说出型号的含义。（注④）   □ 图15-20　拆卸胎压传感器　　　　　□ 图15-21　取出胎压传感器

注②：安全防护要到位。

注③：拆装流程必须符合规范，按 2~3 次对角拆卸。

注④：型号的含义可以查询有关的资料。

操作流程	□ 6. 更换新胎压传感器，如图 15-23 所示，由于质量增加了 30g，因此需要做轮胎动平衡，如图 15-24 所示。（注⑤）   □ 图15-22　胎压传感器的型号　　　　□ 图15-23　新胎压传感器 □ 7. 找到胎压铭牌，如图 15-25 所示。根据原厂胎压充好气，测量胎压（见图 15-26），装好车轮。   □ 图15-24　轮胎动平衡　　　　　　　□ 图15-25　胎压铭牌 **步骤二　奥迪 A6L 胎压灯复位方法** □ 1. 通过 MMI 系统，进入维修模式：按"CAR"按键①，接着按"MENU"上方的空白按键②，进入维修模式，如图 15-27 所示。   □ 图15-26　测量胎压　　　　　　　　□ 图15-27　按键 □ 2. 通过旋转旋压式按钮，选择"保养和检查"选项，如图 15-28 所示。 □ 3. 在弹出的界面中选择"胎压监测系统"选项，如图 15-29 所示。确定后选择"存储轮胎气压"选项。

注⑤：必须做好动平衡，平衡差值不得大于 5g。

操作流程	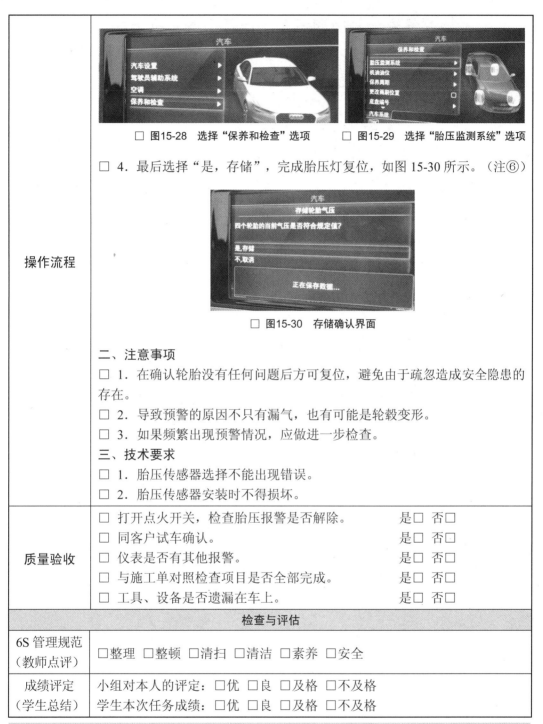

□ 图15-28　选择"保养和检查"选项　　　□ 图15-29　选择"胎压监测系统"选项

□ 4. 最后选择"是，存储"，完成胎压灯复位，如图15-30所示。（注⑥）

□ 图15-30　存储确认界面

二、注意事项

□ 1. 在确认轮胎没有任何问题后方可复位，避免由于疏忽造成安全隐患的存在。

□ 2. 导致预警的原因不只有漏气，也有可能是轮毂变形。

□ 3. 如果频繁出现预警情况，应做进一步检查。

三、技术要求

□ 1. 胎压传感器选择不能出现错误。

□ 2. 胎压传感器安装时不得损坏。

质量验收	□ 打开点火开关，检查胎压报警是否解除。	是□　否□
	□ 同客户试车确认。	是□　否□
	□ 仪表是否有其他报警。	是□　否□
	□ 与施工单对照检查项目是否全部完成。	是□　否□
	□ 工具、设备是否遗漏在车上。	是□　否□

检查与评估	
6S 管理规范 （教师点评）	□整理　□整顿　□清扫　□清洁　□素养　□安全
成绩评定 （学生总结）	小组对本人的评定：□优　□良　□及格　□不及格 学生本次任务成绩：□优　□良　□及格　□不及格

注⑥：轮胎使用注意事项：每月至少检查轮胎压力一次；检查胎压只能在轮胎为冷态时进行；请勿在轮胎热态时减小已提高的胎压；在汽车负荷较大时，要使胎压与此相适应；避免在弯道快速行驶和紧急提速；不定期检查轮胎是否有非正常磨损。

专业考核评分表——奥迪汽车胎压传感器更换与胎压灯复位

班级：		组别：		组长：	日期：		
技术标准：1. 胎压传感器的拆装流程；2. 胎压灯复位方法							
序号	作业项目	考核内容	考核标准	分值	扣分	得分	
1	准备环节	正确选用工具	选错1次扣1分	5			
2		正确使用工具	用错1次扣1分	5			
3	胎压传感器更换环节	用诊断仪检测，若胎压传感器损坏，则拆卸轮胎	按照流程规范操作，错1次扣5分	20			
4		在扒胎机上拆解外胎					
5		拆卸胎压传感器					
6		观察胎压传感器型号		15			
7		安装新胎压传感器					
8		轮胎动平衡		5			
9		根据铭牌上的原厂胎压充气并测量胎压，安装车轮		10			
10	胎压灯的复位环节			30			
11	项目实训时间		0～20min　　　10分 ＞20～23min　　8分 ＞23～26min　　5分 ＞26min　　　　0分	10			
质检员：		评分员：		合计得分			
教师点评：							
团队合作：优秀□ 良好□ 及格□　　　　分工明确：优秀□ 良好□ 及格□							
专业标准：优秀□ 良好□ 及格□　　　　操作规范：优秀□ 良好□ 及格□							
教师签字：　　　　　　　　　　　　　　　　　　　　年　　　月　　　日							

注：实训未按规范操作，导致出现设备损坏或人身伤害，本次考核记0分。

实训项目十六　奥迪汽车电气电路图

任务一　奥迪汽车电气电路图认知

_____ 课时

班级:	组别:	姓名:	掌握程度: □优　□良　□及格　□不及格

一、工作任务

1. 了解奥迪汽车电气电路图中端子号和元件符号的含义。

2. 掌握汽车电气电路图识读方法。

3. 掌握汽车电气电路演化。

二、项目认知

1. 电路图认知

(1) 奥迪汽车电气电路图(见图16-1)中标号或端子号的含义。

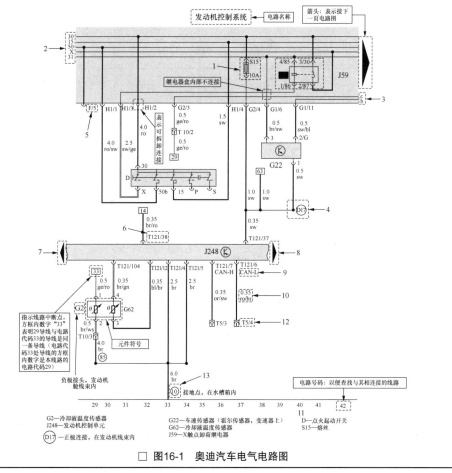

□ 图16-1　奥迪汽车电气电路图

. 151 .

15 表示_____；　　　　　　　　　30 表示_____；

31 表示_____；　　　　　　　　　50 表示_____；

点火开关 D 上的 X 表示_____；　　P 表示_____；

T121/104 表示_____；　　　　　　br/sw 表示_____。

（2）奥迪汽车电气电路图中电气元件符号含义（见表 16-1）。

补充表 16-1 中电气元件的名称。

☐ 表 16-1　　　　　　　　　　　　　　电气元件符号含义

名称	符号与（或）实物	名称	符号与（或）实物

（3）写出下面英文缩写对应的中文含义。

ws_____；sw_____；ro_____；br_____；

gn_____；bl_____；gr_____；ge_____。

（4）写出奥迪汽车电气电路图（见图 16-1）中 1～13 所标注的位置的含义。

1_____；　　　　　2_____；　　　　　3_____；

4_____；　　　　　5_____；　　　　　6_____；

7_____；　　　　　8_____；　　　　　9_____；

10_____；　　　　　11_____；　　　　　12_____；

13_____。

2．电路演化

（1）在图 16-2 中，用铅笔描出 X 线继电器工作过程及控制电路。

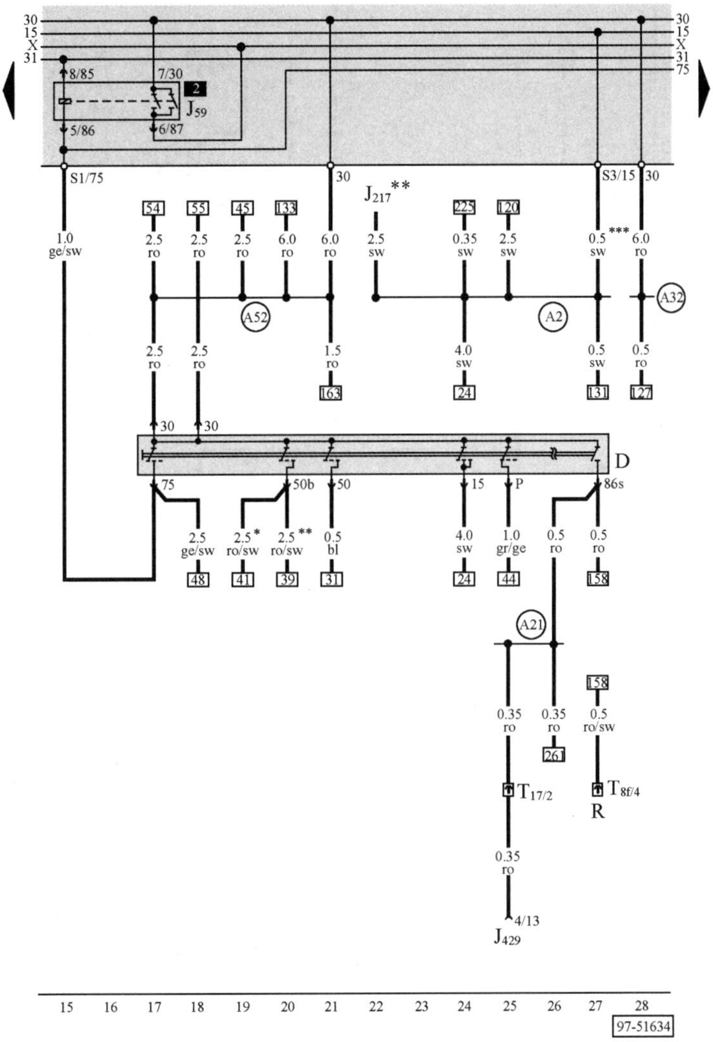

□ 图16-2　X线继电器控制电路

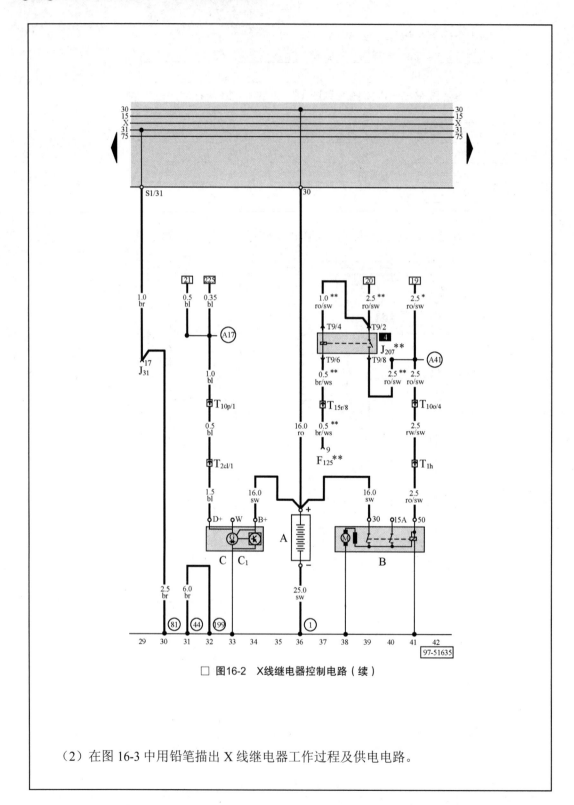

□ 图16-2 X线继电器控制电路（续）

（2）在图 16-3 中用铅笔描出 X 线继电器工作过程及供电电路。

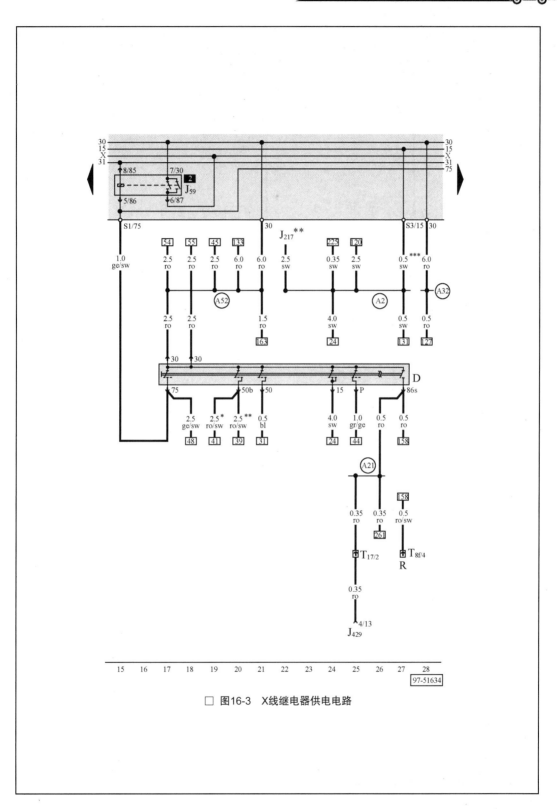

□ 图16-3　X线继电器供电电路

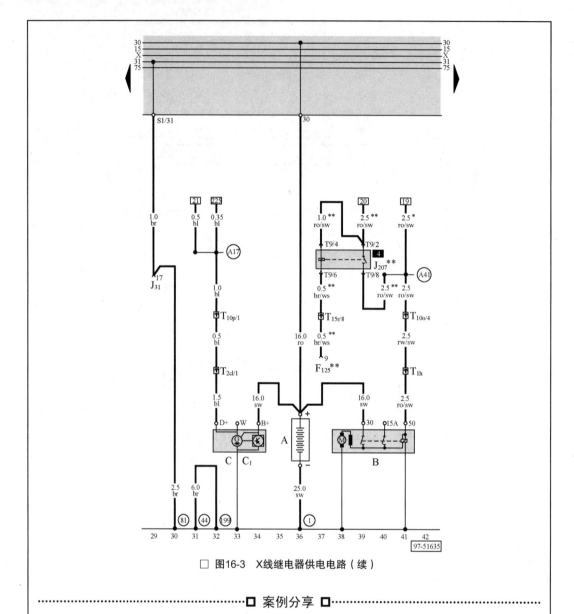

□ 图16-3　X线继电器供电电路（续）

□ 案例分享 □

●────【故障现象】────●

一辆奥迪 A6 2.6L，该车在一小修理厂修理后发动机不能起动，经检查无高压火及点火信号，无喷油信号。

●────【故障诊断】────●

检测相关传感器及其线路，没发现什么问题。通过分析认为是发动机控制单元损坏。按零件号（4A0 862 257B）购回发动机控制单元，换上后试车却出现这样的现象：车辆一起动，着车 2~3s 后熄火。能够着车说明喷油与点火都能进行了。根据现象初步判定可能是防盗系统起了作用。通过诊断仪（带诊断接口 VAG 1552）读取故障码为 01176（信号太弱或钥匙非法），初步判断是防盗模块没被解除的缘故。

维修人员分析可能是新发动机控制单元与旧的防盗模块中的程序信息不一致，导致防盗模块认为这一起动操作非法，从而断开发动机的点火喷油信号。对新发动机控制单元与旧防盗模块进行匹配，方法如下。

1. 使用匹配过的正确钥匙，打开点火开关，但不起动发动机。

2. 连接诊断仪并进入地址码为 25 的防盗模块。

3. 选择"ADAPATION（匹配）"功能，代号为 10。

4. 输入通道号（两位数"00"）。

5. 仪器显示"是否清除数值"，按"Q"键确认。

6. 仪器显示"数据被清除"，表示匹配完成。发动机控制单元的随机代码被防盗模块读入并存储起来。

7. 至此匹配完成。对其他车型新发动机控制单元与旧防盗模块的匹配，可用此方法，但不同车型"通道号"却不同，奥迪汽车为"00"。

●━━━━【故障排除】━━━━●

匹配完成后发动机就能顺利起动了。

●━━━━【案例总结】━━━━●

对这一类故障，更换新发动机控制单元时没有和旧防盗模块进行匹配的话，多数维修人员可能认为新发动机控制单元有问题，而控制单元这类元件在装用后再退货是一件相当麻烦的事情，这样使问题变得更加复杂。对于新款奥迪系列汽车防盗模块，更换其系统的元件及钥匙等时应特别注意对它的匹配，否则无法起动发动机。

任务二　蓄电池断开继电器查询

_____课时

班级：	组别：	姓名：	掌握程度： □优 □良 □及格 □不及格
实训目的		掌握蓄电池断开继电器电路图查找操作步骤及注意事项。	
安全注意事项		注意设备及个人安全，规范操作。	
教学组织		每辆车安排6位学员（组长1人、主修1人、辅修1人、观察员1人、评分1人、质检1人）作业，循环操作。	

任务	作业记录内容　☑正确☒错误
前期准备	□ 1. 护具——整车防护7件套（车外3件套——前保险杠护垫/左翼子板护垫/右翼子板护垫，车内4件套——转向盘套/脚垫/座椅套/变速器操作杆套），如图16-4和图16-5所示。 □ 2. 工具——奥迪诊断仪，如图16-6所示。 □ 图16-4　车外3件套　　　□ 图16-5　车内4件套　　　□ 图16-6　奥迪诊断仪 □ 3. 实训车辆——奥迪 A8。
安全检查	□ 1. 检查车辆驻车制动器是否被拉起，变速器挡位是否处于空挡。 □ 2. 在车辆前后放置车轮挡块。 □ 3. 使用实训车辆或台架前，检查实训车辆及台架周围是否安全。（注①）
防护工作	着装规范如图16-7所示。车身防护如图16-8所示。车内防护如图16-9所示。（注②） □ 图16-7　着装规范　　　□ 图16-8　车身防护　　　□ 图16-9　车内防护

注①：若使用过程中有异常或异响，应立即停止当前作业并及时和老师联系，不得擅自处理。
注②：安全防护要到位。

操作流程	一、操作步骤 □ 1．连接好车辆及诊断仪，打开点火开关，双击桌面快捷方式进入"ElsaWin-登录"界面，输入用户名（admin）和密码（admin）。 □ 2．单击"确定"按钮，进入查询界面。 □ 3．在"车型识别"对话框中输入车辆识别号（VIN），并单击左下角"开始查询"按钮。 □ 4．打开电路图，查找对应的电气设备。 □ 5．查询到相应总成的控制电路图。因为不同的生产日期车辆的配置不同，所以要特别关注生产时间。 □ 6．如无法查询到相应的总成的控制图，可以输入关键字"蓄电池"进行搜索。 □ 7．在实车上找到此继电器，查看继电器上导线的颜色、线径及所在的位置，并对照电路图熟悉导线端子的定义。 □ 8．用万用表检查继电器端子的电压或电阻，初步判断继电器工作是否正常。 □ 9．退出奥迪诊断仪的工作界面，对实训场地实施 6S 管理。 二、注意事项 □ 查询维修资料，奥迪汽车需使用 ELSA 软件系统。 三、技术要求 □ 1．必须掌握查询电路图这一门维修电气设备的技能。 □ 2．会使用 ELSA 软件系统查询相应技术资料。
质量验收	□ 是否会打开奥迪 ELSA 软件系统的操作界面。　　　是□ 否□ □ 是否能正确地选择车型。　　　　　　　　　　　　是□ 否□ □ 是否能准确地找到需要查找的相关文件。　　　　　是□ 否□

检查与评估		
6S 管理规范 （教师点评）	□整理 □整顿 □清扫 □清洁 □素养 □安全	
成绩评定 （学生总结）	小组对本人的评定：□优 □良 □及格 □不及格 学生本次任务成绩：□优 □良 □及格 □不及格	

专业考核评分表——蓄电池断开继电器查询

班级：		组别：	组长：		日期：		
技术标准：1. 诊断仪的使用操作要求；2. 运用 ELSA 软件快速查询所需电路图的方法和步骤							
序号	作业项目	考核内容	考核标准	分值	扣分	得分	
1	准备环节	正确选用工具	选错扣 5 分	5			
2		正确使用工具	用错扣 5 分	5			
3	使用环节	诊断仪连接	按照流程规范操作，错 1 次扣 4 分	8			
4		点火开关打开		8			
5		打开 ELSA 软件的查询界面		8			
6		选择车辆品牌及型号		8			
7		选择查找蓄电池		8			
8		打开"蓄电池"搜索列表		8			
9		打开蓄电池断开继电器电路图界面		8			
10		核对车上实物与电路图是否对应		8			
11		测量端子电压及电阻等		8			
12		安全退出系统，实施 6S 管理		8			
13	项目实训时间		0～10min　　　10 分 ＞10～12min　　8 分 ＞12～14min　　5 分 ＞14min　　　　0 分	10			
质检员：		评分员：		合计得分			
教师点评：							
团队合作：优秀□ 良好□ 及格□　　分工明确：优秀□ 良好□ 及格□							
专业标准：优秀□ 良好□ 及格□　　操作规范：优秀□ 良好□ 及格□							
教师签字：　　　　　　　　　　　　　　　　　年　　　月　　　日							

注：实训未按规范操作，导致出现设备损坏或人身伤害，本次考核记 0 分。

实训项目十七 —— 奥迪车辆应急功能规范使用

任务一　车辆应急功能认知

_____课时

班级：	组别：	姓名：	掌握程度：□优 □良 □及格 □不及格

一、工作任务

　　1. 了解奥迪车辆应急功能，熟知各应急功能的知识。

　　2. 掌握各项应急功能的规范操作方法。

二、项目认知

　　1. 变速器解锁

　　奥迪 A6L 解锁位置在中控台烟灰缸处。奥迪 A8 D4 解锁位置在_____，如图 17-1 所示，打开黑色盖板，如图 17-2 所示；抽出红色带子（见图 17-3），按解锁方向拉出开关，直到听到打开声音，说明解锁成功。

□ 图17-1　奥迪A8 D4解锁位置　　　□ 图17-2　打开黑色盖板　　　□ 图17-3　抽出红色带子

　　2. 油箱盖应急解锁

　　如果中央门锁系统出现故障或左前车门内饰板上的油箱盖开关损坏，可以通过_____来解锁，为此需要用螺钉旋具拆下行李箱内右侧的内饰板，拉住拉环向图 17-4 所示箭头方向拉，从而给_____解锁，如图 17-5 所示，于是_____弹开。

□ 图17-4　油箱盖应急解锁方向　　　　□ 图17-5　油箱盖应急解锁方法

3．手套箱应急解锁

手套箱的解锁按键在 MMI 显示屏旁的仪表板上。手套箱也可以_____解锁。为此必须先拆下仪表板右侧的熔丝盒盖，如图 17-6 所示，用螺钉旋具将解锁螺栓（见图 17-7）尽量向内压，直到盖子弹开，如图 17-8 所示。

□ 图17-6　拆下熔丝盒盖

□ 图17-7　解锁螺栓

4．行李箱应急解锁

如果将钥匙向右转动并从水平的锁芯位置 B 处拔出，如图 17-9 所示，行李箱盖便不再受中央门锁控制且一直保持上锁状态。这种情况下行李箱盖只能通过_____解锁。如果汽车配置了授权系统高级钥匙，也可以通过按压行李箱盖上的_____解锁，如图 17-10 所示；或拉动手动应急拉索来解锁，如图 17-11 所示。

□ 图17-8　盖子弹开

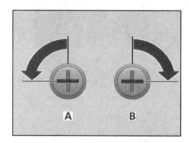

□ 图17-9　钥匙旋转位置

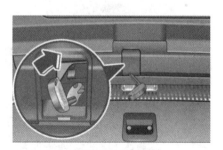

□ 图17-10　按压解锁

□ 图17-11　手动应急拉索

5．钥匙应急拔出

奥迪 A6L 采用的是电子点火开关，当蓄电池电量不足或点火开关损坏时，会出现钥匙无法拔出的情况。这时候只需使用＿＿＿＿＿＿＿＿＿＿，如图 17-12 所示，按压点火开关锁孔附近的解锁触点，钥匙即可轻易拔出，如图 17-13 所示。

6．天窗应急关闭

使用钥匙或一字螺钉旋具将驾驶员侧仪表板熔丝盒盖拆下，如图 17-14 所示。打开眼镜盒，如图 17-15 所示，从眼镜盒处慢慢抠下顶灯灯壳，将驾驶员侧的顶灯灯泡拆下，将天窗专用扳手从图 17-16 所示的位置处插入电动机轴部，摇动扳手就可以将天窗关闭。

□ 图17-12　钥匙应急拔出触点

□ 图17-13　钥匙应急拔出

□ 图17-14　拆下熔丝盒盖

□ 图17-15　眼镜盒

7．应急锁车

当电池电量不足或中央门锁系统失灵时，除驾驶员侧门可以使用＿＿＿＿＿＿上锁，其他车门无法上锁。打开要上锁的车门，将车门锁块处的＿＿＿＿＿＿（见图 17-17）用钥匙顺时针拧动，然后将车门关上即可上锁。

□ 图17-16　插入天窗专用扳手

□ 图17-17　应急锁车位置

8．应急拖车

（1）两驱车辆。牵引两驱车辆时，换挡杆必须位于位置"N"，行驶里程不得超过 50km，且车速不得超过 50km/h，否则会导致变速器毁坏。对于更长的距离，必须抬起车辆前部拖车。在蓄电池电量过低或起动机不工作等情况下，自动挡车辆无法以牵引方式起动发动机。

（2）四驱车辆。牵引四驱车辆时，必须四轮着地，不允许单独抬起两前轮或者两后轮拖动，变速器应处于空挡（N 挡），车速应小于 50km/h，拖动距离应小于 50km。也可以使用平板车（专用运输车）运输。

···◻ 案例分享 ◻···

————————————————————● 【故障现象】 ●————————————————————

一辆配置 2.0T 发动机、无级变速器（CVT）的奥迪 A6L，出现故障时行驶里程为 34670km，故障现象是智能钥匙系统的遥控距离短，车内偶尔不能识别到钥匙。

————————————————————● 【故障诊断】 ●————————————————————

1. 通过诊断仪检查无故障码。

2. 检测电池正常，钥匙也正常。

3. 替换智能钥匙系统 J393 的天线故障暂时排除，一星期后客户再次反馈有问题。与客户沟通后得知一把钥匙正常，另一把钥匙不正常；最后通知客户到 4S 店进行进一步诊断。

————————————————————● 【故障排除】 ●————————————————————

1. 客户带来两把钥匙，检查发现其中一把有问题的钥匙有保护壳。

2. 拆掉保护壳后故障消除，不再发生。

————————————————————● 【故障原因】 ●————————————————————

奥迪车型的钥匙基本都是用的智能钥匙，无须通过钥匙本身去控制车辆。当需要开门或起动车辆的时候，按压对应的开关按钮，车辆电气系统与钥匙进行信号的询问和传输。确认为合法身份的智能钥匙后，就会完成相应的操作。钥匙无法被识别的原因如下。

1. 钥匙电量不足或钥匙本身出现问题，可以通过更换钥匙电池或钥匙来进行判断。

2. 信号干扰，因系统工作时，钥匙的位置等是通过无线状态进行信号传输的，当外界对信号进行干扰或屏蔽时，该系统便失灵。

3. 钥匙如果加外壳会影响感应信号的强度。

4. 车辆自身的智能钥匙系统出现故障。

————————————————————● 【案例总结】 ●————————————————————

对于智能钥匙无法识别或提示不在车内的故障，务必注意先排除外界干扰，再更换备件进行维修。

任务二 P挡应急解锁拖车

_____课时

班级：	组别：		姓名：		掌握程度：□优 □良 □及格 □不及格
实训目的	掌握P挡应急解锁拖车的操作步骤及注意事项。				
安全注意事项	注意设备及个人安全，规范操作。				
教学组织	每辆车安排6位学员（组长1人、主修1人、辅修1人、观察员1人、评分1人、质检1人）作业，循环操作。				
操作步骤演示	\n\nP挡应急解锁拖车				
任务	作业记录内容 ☑正确☒错误				
前期准备	□ 1. 护具——整车防护7件套（车外3件套——前保险杠护垫/左翼子板护垫/右翼子板护垫，车内4件套——转向盘套/脚垫/座椅套/变速器操作杆套），如图17-18和图17-19所示。 □ 2. 工具——世达工具，如图17-20所示。 □ 图17-18 车外3件套　　□ 图17-19 车内4件套　　□ 图17-20 世达工具 □ 3. 耗材——毛巾。 □ 4. 实训车辆——奥迪C6。				
安全检查	□ 1. 检查车辆驻车制动器是否被拉起，变速器挡位是否处于空挡。 □ 2. 在车辆前后放置车轮挡块。 □ 3. 使用实训车辆或台架前，检查实训车辆及台架周围是否安全。（注①）				
防护工作	着装规范如图17-21所示。车身防护如图17-22所示。车内防护如图17-23所示。（注②）				

注①：使用过程中若有异常或异响，应立即停止当前作业并及时和老师联系，不得擅自处理。
注②：安全防护要到位。

防护工作	   □ 图17-21 着装规范　　□ 图17-22　车身防护　　□ 图17-23　车内防护
操作流程	一、操作步骤 □ 1．拉紧车辆驻车制动器，打开点火开关。 □ 2．在车内换挡杆处覆盖好毛巾，防止划伤周边部件表面。 □ 3．打开烟灰缸上滑盖，将烟灰缸取出，如图 17-24 和图 17-25 所示。   □ 图17-24　打开烟灰缸上滑盖　　　　□ 图17-25　取出烟灰缸 □ 4．找到中部位置处的圆孔（内部有圆形应急操作点），如图 17-26 所示。 □ 5．使用螺钉旋具按压孔内的应急操作点，如图 17-27 所示。   ▶ 撬开盖板后，左侧的孔内才是应急操作点 □ 图17-26　找到圆形应急操作点　　　　□ 图17-27　按压应急操作点 □ 6．在按压的同时将换挡杆移动至空挡（N）位置。 □ 7．两驱车辆拖车实施（在下列空白处填空）。 □（1）牵引汽车时，换挡杆必须在"_____"位置，行驶里程不得超过_____km 且车速不得超过_____km/h，否则会导致变速器毁坏。 □（2）行驶更长距离时，必须抬起车辆_____部拖车。 □（3）在蓄电池电量_____或无法起动车辆等情况下，自动挡车辆无法起动发动机。

操作流程	□ 8．四驱车辆拖车实施（在下列空白处填空）。 必须四轮着地，不允许单独抬起两_____或者两_____拖动，变速器应处于_____挡，车速应小于_____km/h，拖动距离应小于_____km，或者使用平板车（专用运输车）运输，防止损坏系统元件。 □ 9．安装并清洁烟灰缸。按 6S 管理标准，修复或安装好车辆上的总成件，打扫实训工位。 **二、注意事项** □ 1．注意零部件外观防护。 □ 2．拆装时注意零部件不可损坏。 □ 3．按压应急操作点时注意力度及准确度。 **三、技术要求** □ 安装烟灰缸时位置要正确。
质量验收	□ 起动发动机，检查发动机是否抖动。　　　　是□ 否□ □ 同客户试车确认。　　　　是□ 否□ □ 检查仪表是否有报警。　　　　是□ 否□ □ 与施工单对照检查项目是否全部完成。　　是□ 否□ □ 检查工具、设备是否遗漏在车上。　　　是□ 否□
检查与评估	
6S 管理规范 （教师点评）	□整理 □整顿 □清扫 □清洁 □素养 □安全
成绩评定 （学生总结）	小组对本人的评定：□优 □良 □及格 □不及格 学生本次任务成绩：□优 □良 □及格 □不及格

专业考核评分表——P挡应急解锁拖车

班级：		组别：	组长：		日期：		
技术标准：P挡应急解锁操作方法							
序号	作业项目	考核内容	考核标准	分值	扣分	得分	
1	准备环节	正确选用工具	选错1次扣1分	5			
2		正确做好防护	少做1项扣1分	5			
3		正确做好安全检查	漏掉1项扣1分	5			
4	P挡应急解锁环节	拉紧车辆驻车制动器	未做此项目或实施驻车制动不到位不得分	5			
5		打开点火开关	未打开不得分	5			
6		打开烟灰缸上滑盖，取出烟灰缸	不按要求1次扣5分	10			
7		找到中部位置处的圆孔	找不到不得分	5			
8		使用螺钉旋具按压孔内的应急操作点	操作不当扣5分	10			
9		移动换挡杆至空挡（N挡）位置	未操作此项的不得分	5			
10		两驱/四驱车辆拖车实施	不按规范操作不得分	10			
11		安装并清洁烟灰缸	安装或清理不到位扣5分	10			
12		整理工具	少环节不得分	5			
13		牵引车辆流程	方式错误扣5分	10			
14	项目实训时间		0～25min　　　10分 >25～27min　　5分 >27min　　　　0分	10			
质检员：		评分员：		合计得分			
教师点评：							
团队合作：优秀□ 良好□ 及格□			分工明确：优秀□ 良好□ 及格□				
专业标准：优秀□ 良好□ 及格□			操作规范：优秀□ 良好□ 及格□				
教师签字：				年　　月　　日			

注：实训未按规范操作，导致出现设备损坏或人身伤害，本次考核记0分。